Harald Petersen

Ohne mich läuft nichts

Der (un)fromme Hunger nach Macht

R.Brockhaus

Die zitierten Bibelverse entstammen – soweit nicht anders angegeben – der Lutherbibel in der revidierten Fassung von 1984 (durchgesehene Ausgabe in neuer Rechtschreibung) © 1999 Deutsche Bibelgesellschaft, Stuttgart

RB*taschenbuch Bd. 654*

© R. Brockhaus Verlag Wuppertal 2005
Umschlag: Dietmar Reichert, Dormagen
Gesamtherstellung: Breklumer Druckerei Manfred Siegel KG
ISBN 3-417-20654-5
Best.-Nr. 220.654

Inhalt

Riese oder Zwerg – Ein Vorwort 5

1. Das lässt mich hoffen 7

2. Mit aller Macht 9
   Heiligt der Zweck die Mittel? 12

3. Alles eine Frage der Definition? 38

4. Wo beginnt Machtmissbrauch? 42

5. Ekklesia – wenn Frömmigkeit und Macht
   sich treffen 49

6. Die Diktatur der Frommen 59

7. Druck erzeugt Gegendruck 85

8. Biblisch-theologische Reflexion 110
   Macht – gut oder böse? 116
   Die Notwendigkeit von Führung 120
   Typbedingte Bedürfnisse 123
   Kontrollierte Macht 125

9. Gemeinde braucht Leitung – nicht nur, aber auch ... 128

10. »Nun tu doch was ...!« 146

11. Hauptsache Herrlichkeit 186

Weiterführende Literatur 189

Riese oder Zwerg – Ein Vorwort

Mancher stillt seinen Machthunger in der Gemeinde, weil er außerhalb dieses Umfeldes nicht viel zu sagen hat. Dazu fällt mir folgender Ausspruch eines mir Unbekannten ein: »Wenn du einen Riesen auf dich zukommen siehst, dann prüfe am Stand der Sonne, ob es sich nicht um den Schatten eines Zwerges handelt.« Wobei ich zugeben muss, dass mich manche »Zwerge« doch sehr unter Druck gesetzt haben. Während mich das Machtgebaren anderer nicht wirklich »gejuckt« hat.

Ich danke denen, die mich als Zwerg manchmal an ihre Hand genommen haben, und bitte die um Nachsicht, für die ich vielleicht ein Riese war. Wer mich kennt, mag selbst beurteilen, wie groß mein Schatten ist. Denn ich habe nicht nur als Vater von vier Kindern Macht, sondern auch in meinem beruflichen Umfeld. Und weit darüber hinaus, denn jedes Verhältnis zwischen Menschen ist ein Machtverhältnis. Dieser provokanten These werden wir später wieder begegnen. Wenn das so ist und weil das so ist, wird sich jeder Leser in den folgenden Seiten wiederfinden. Mal als der, der Macht erlebt und erleidet. Mal als der, der sie ausübt. Vielleicht sogar als der, der sie missbraucht?!

Ich habe durch Beispiele weit ausgeholt, denn Erklärungen für unser »machtvolles« Auftreten in der Gemeinde finden sich in unserem Alltag, der bekanntermaßen die meiste Zeit und Hingabe von uns fordert. Denn erst im Alltag, in Ehe, Familie, Nachbarschaft und Beruf, zeigt mancher sein wahres Gesicht. Dann, wie bei konzentrischen Kreisen, nähern wir uns dem Schwerpunktthema Gemeinde und beobachten dort den (un)frommen Hunger nach Macht, suchen nach Auswegen und wollen entdecken, wie Gemeinde zur Ehre Gottes leben kann.

Und nun noch eine Bitte: Bevor Sie weiterlesen, überlegen Sie einige Augenblicke, welche Gedanken und Gefühle das Wort »Macht« bei Ihnen auslöst und welche Erlebnisse und Personen Ihnen in Erinnerung kommen.

Macht: _____

_____

_____

_____

_____

_____

_____

1. Das lässt mich hoffen ...

»Ohne mich läuft nichts!« Goliaths Brust schwillt vor Stolz, soweit es ihm der schwere, geschmiedete Schutzpanzer erlaubt. Kaum eine Körperpartie, die nicht durch Eisen geschützt ist. Ein Hüne, der durch seinen Panzer noch gewaltiger aussieht. Alle lassen ihm im Kampf den Vortritt. Mehr aus Feigheit denn aus Achtung, aber immerhin. Goliath genießt die Aufmerksamkeit und seinen Auftritt.

Den Panzer hätte er besser im Spind gelassen, denn gegen seinen heutigen Gegner braucht er ihn nicht. Und ohne diese sperrige Rüstung wäre er flinker gewesen. Vielleicht flink genug, um den kleinen tödlichen Steinchen auszuweichen. Aber doch nicht flink genug, um dem auszuweichen, der David stark macht.

Als ich um die Ausarbeitung zu diesem Thema gebeten wurde, kamen mir schon bald diese beiden Männer aus 1. Samuel 17 in den Sinn: Goliath, der todgeweihte Riese, und David, der belebte Zwerg. Der junge Hirte, eher klein und schmächtig. Der Harfenspieler, »zartbesaitet«. Mit schmalen flinken Fingern, um seinem Instrument faszinierende Klänge zu entlocken. Ohne Panzer; er könnte ihn auch nicht lange tragen. Und Goliath, der *Wrestler*. Einen dieser amerikanischen *Showringer*, fast 2,30 Meter groß, habe ich vor Augen. Aber eben nicht nur groß, das sind Basketballspieler ja auch. Sondern groß und breit wie ein Schrank, sehr muskulös. Einige Köpfe größer als ich. Einige Köpfe größer als David. Einige Köpfe größer als alle im Heer der Philister. Und auch die Israeliten haben ihm nichts Ebenbürtiges entgegenzusetzen. Einsam steht er auf dem Kampfplatz. Noch schreit er seinen Übermut hinaus. »Läuft hier ohne mich nichts? Ist von euch keiner bereit, gegen mich anzutreten?«

»Ohne mich läuft nichts.« Ob David das auch gedacht hat? Immerhin drängen sich die Israeliten nicht gerade nach vorn, als einer gesucht wird, der es mit Goliath aufnehmen kann. Jeder duckt sich geschickt hinter seinen Vordermann. Und die ersten verkriechen sich hinter ihrem Schild. Keiner hat die Macht, gegen den mächtigen Riesen anzutreten. Aber jeder hat Angst vor dem König, der die Macht hätte, jeden Einzelnen an die Front zu schicken. Und alle miteinander, diesseits und jenseits der Front, Könige und Krieger, erleben den allmächtigen Gott.

Normalerweise wäre der Kampf anders ausgegangen. Ja, normalerweise, aber bei Gott ist manches unnormal. Er ist immer für eine Überraschung gut. Darum hat dieser Hirte den Mut zu einer militärischen Auseinandersetzung. Darum akzeptiert der König den ungeübten Kämpfer und riskiert eine Blamage. Darum findet der kleine Kieselstein die ungeschützte Schläfe des Riesen. Gott kehrt die Machtverhältnisse um. Das lässt mich hoffen ...

2. Mit aller Macht

Macht macht süchtig, ebenso wie Sexualität und Geld süchtig machen können. In unserer Gesellschaft geht es viel zu oft darum, das Spiel um die Macht zu gewinnen, nur ist es oft kein Spiel, sondern bitterer Ernst, denn Allmachtsphantasien beherrschen die Welt. Macht befindet sich immer im Zwielicht der Sünde, denn ihre Grenzen sind aufgeweicht.

Es gibt reale Macht, etwa beim Militär oder im kriminellen Bereich. Und es gibt eine Art moralische Macht, die schnellen Veränderungen unterworfen ist, z. B. die Macht der Liebe oder die der Gewohnheit. Sie wird stark vom Zeitgeist und durch Meinungsmache beeinflusst.

Der Soziologe Wolfgang Lipp unterscheidet dreierlei Arten von Macht: *soziale Macht,* etwa von Verbänden oder Institutionen, *fachlich-sachliche Macht* von Experten mit funktionaler Autorität und *Macht auf psychischer Ebene* etwa bei Menschen mit besonderer Ausstrahlung.

In einer psychologischen Fachzeitschrift las ich kürzlich, dass die meisten Manager sich gerne nüchtern und als von Vernunft, Logik und Intelligenz bestimmt sehen. Wenn Kosten kalkuliert werden, ist wenig Raum für Gefühl. Trotzdem geht es ganz und gar nicht emotionslos zu, wenn der Chef poltert und die Mitarbeiter sich über sein irrationales Verhalten wundern oder ärgern. Unser Handeln wird eben nicht nur von Einstudiertem bestimmt, sondern auch von unserem Wesen. Da schimmern Altlasten durch. Starke narzisstische Züge, die auf unverarbeitete Verletzungen zurückgehen, drängen aus den Tiefen der Seele ans Tageslicht. Nicht aufgearbeitete Frustrationen von früher, auch und gerade aus der Kindheit, bestimmen das Leben heute durch Zorn, Rachegedanken, Misstrauen und Machthunger. Wenn jemand eine leitende Aufgabe übernimmt oder den Machtpoker mitspielt, nimmt dieser Einfluss möglicherweise zu. Narzisstische Persönlichkeiten sind, so haben Tests ergeben, in höheren Positionen stark vertreten. Chefs mit narzisstischer Struktur haben ihre Stärken, aber Untergebene leiden unter ihrer Aggressivität und ihrem Misstrauen. Mit Einfühlungsvermögen können sie eher selten prahlen, denn sie neigen zu selbstgerechtem und arrogantem Auftreten. Und je erfolgreicher sie sind, desto unbesiegbarer fühlen sie sich.

Wir benutzen den Begriff Macht auch unabhängig von Beziehungen, etwa: »Jemand ist einer Sprache mächtig.« Und selbst durch das Verb *machen* bringen wir Tag für Tag unzählige Male zum Ausdruck, was auf seine Weise Macht hat: Das Wetter macht die Ernte zunichte; die Korruption macht uns kaputt, die Klatschpresse macht uns neugierig, der Alkohol macht lustig, die Arbeit macht zufrieden oder müde, Dunkelheit macht vielen Angst usw. Welche Assoziationen haben Menschen zum Thema Macht?

– Macht beherrscht und verändert Menschen,
– sie schafft Beziehungen,
– sie stört und zerstört,
– sie macht Spaß, hat aber mit Verantwortung zu tun.
– Durch Macht wird meine Ohnmacht ganz deutlich,
– sie macht süchtig,
– sie hat wie alles ihre zwei Seiten.
– Macht schenkt Sicherheit und kann Gutes bewirken.

Und was steht in den schlauen Büchern? Selbst in renommierten Lexika werden viele Begriffe einfach in einen Topf geworfen: Macht, Stärke, Gewalt, Herrschaft, Autorität, Einfluss, Potenz, Kraft, Befugnis, Möglichkeit ... Weil das verwirrt, erscheint es mir sinnvoll, etwas zu sortieren:

– *Amt:* Aufgabe, Pflicht, Beruf, Position, Ehrenamt – also in irgendeiner Form institutionalisierte Macht.

- *Stärke oder Kraft:* Die physische oder psychische Fähigkeit, etwas zu tun. Wird Kraft angewendet, um Widerstand zu brechen, sprechen wir von Gewalt.
- *Gewalt:* Rohe Kraft und Gewaltmittel (z. B. Waffen) werden eingesetzt, Druck und Zwang werden ausgeübt.
- *Autorität:* Auf Tradition oder Macht ebenso wie auf Charakter, Persönlichkeit und Fähigkeiten beruhender Einfluss und dadurch erworbenes Ansehen.
- *Recht:* Gesamtheit der Gesetze, z. B. in Staat oder Kirche.
- *Herrschaft:* Sie wird soziologisch von Macht unterschieden und bezeichnet dann Befugnisse in einem begrenzten Rahmen bzw. für einen besonderen Auftrag.
- Bleibt zuletzt noch die eigentliche Frage nach der *Macht* offen. »Macht gibt nicht nur die Möglichkeit zum Handeln, sondern auch die Vollmacht und das Recht dazu«, sagte mir jemand. Ein mächtiges Wort über Macht. Es fordert geradezu heraus, dieser Sache auf den Grund zu gehen. Bevor wir uns im nächsten Kapitel verschiedene Definitionen ansehen, will ich beschreiben, wie Macht sichtbar wird, innerhalb und außerhalb der Gemeinde. Dadurch bestätigt sich nämlich die herausfordernde These von A. Noordegraaf, wonach jedes Verhältnis zwischen Menschen ein Machtverhältnis sei. Soziologisch gesehen ist Handeln ohne Macht, also ohne Beeinflussung anderer, undenkbar. Wen wundert's, dass sich Macht und Selbsterhaltung wie zwei Verliebte aneinander schmiegen.

»Macht kann dem Einzelnen aufgrund seiner Eigenschaften (psychische oder physische Überlegenheit, Charisma, erworbene Fähigkeiten), aufgrund der ihm zur Verfügung stehenden Mittel (materielle Güter), aufgrund seiner Zugehörigkeit zu einer bestimmten Gruppe (Stand, Klasse, Partei, Elite) oder der Autorität zufallen, die er in der Gesellschaft besitzt«, meint der Soziologe Robert Bierstedt.

Heiligt der Zweck die Mittel?

Menschliches Leben ist spannend, das erlebt jeder. Um typische Spannungsfelder zu verstehen, müssen wir ausnahmsweise mal schwarz-weiß denken, also in zwei extremen Positionen. Als würden wir zwei Pflöcke in den Boden rammen und ein dickes Gummiband dazwischen spannen. Nehmen wir das Spannungsfeld Gesundheit und Krankheit: Wir wollen möglichst ganz gesund und möglichst nicht todkrank sein. Das sind die Pole. Aber dazwischen wird gelebt. Mal fit und fröhlich, mal mit Schnupfen, mal mit Beinbruch, mal mit Herzinfarkt. Weitere Spannungsfelder, bei denen wir zeitweise das Gefühl haben, dass wir hin- und hergerissen sind oder dass es uns zerreißt:

Wollen – Können
Müssen – Dürfen
Freiheit – Verantwortung
Alleinsein – Gemeinschaft
Geben – Nehmen
Wunsch – Wirklichkeit
Selbsthingabe – Selbstbehauptung
Glaube – Zweifel
Macht – Gehorsam

Wir sehnen uns nach Harmonie, das steckt in uns. Selbst in der Musik halten wir eine Disharmonie am Ende eines Stückes kaum aus. Die meisten Menschen werden sie in Gedanken zu einem wohlklingenden Ende bringen. Ein melodischer Schlussakkord muss her, dann fühlen wir uns wieder gut. Denn niemand mag innere Zerreißproben. »Wo ein Wille ist, ist auch ein Weg«, lautet ein Sprichwort. Und Wege finden wir, um unsere individuellen Ziele zu erreichen und Wünsche zu befriedigen. Wir setzen Charme oder Aggression, Rache oder Eifersucht, Empfindlichkeit oder Kritik,

Demütigung oder Erpressung, Misstrauen oder Angst ein. Weil Macht und Wille viel miteinander zu tun haben, haben wir jetzt einen »Ortstermin« im ganz normalen Alltag und schauen dabei in manche spannende Trickkiste. Ist jedes Mittel recht, um Anspannungen zum eigenen Vorteil zu lösen? Oder verfügen wir über die persönliche und geistliche Reife, um mit manchen Spannungen und Ungewissheiten leben zu können?

Schmiergeldaffäre

Geld regiert die Welt. Weltweit ist es ein Machtfaktor. »Ohne Geld läuft nichts.« Gott sei Dank: Ohne Geld läuft noch sehr viel, aber in der Regel nicht auf der großen Bühne der weiten Welt.

Worauf wir blicken, das gewinnt häufig Macht über uns. Vom Geld zu Hab und Gut: Ohne Waren hätten wir letztlich kein Gespür für den Geldwert. »Eine Münze ist drei Äpfel wert. 1 000 von diesen Münzen sind so viel wie zehn solcher Scheine. Für beides könnte ich mir einen neuen Computer kaufen. 100 von solchen bunten Papierstückchen brauche ich für ein kleines Auto. Oder ich lege noch 50 Scheine drauf, dann entspricht mein neuer Wagen eher dem meines Nachbarn. Lasse ich mir meinen Bausparvertrag auszahlen, kriege ich noch viel mehr Scheinchen und leiste mir ein Auto, das meinen Nachbarn vor Neid erblassen lässt.«

Geld macht sogar mit dem etwas, der es nicht hat: Er wird neidisch. Mangel kann quälen. Beziehungen zerbrechen daran. Und mancher nimmt sich, was ihm nicht gehört; es muss ja nicht immer gleich ein Bankraub sein. Geld macht etwas mit uns. Es macht uns süchtig. »Denn wo dein Schatz ist, da ist auch dein Herz« (Matthäus 6,21).

Mancher, der hat, wird geizig. Er hütet seine Taler wie Dagobert Duck. Und stellt irgendwann fest, dass er mit diesem

Geld fast alles kaufen kann, sogar Menschen. Früher kaufte man sich Sklaven. Heute sprechen wir von Schmiergeldern und Korruption, vor allem in Wirtschaft und Politik. Aber manches Taschengeld für Kinder soll dem gleichen Zweck dienen. Manches Opfer in der Gemeinde auch?

Ja, auch dort wird manchmal »geschmiert«, wie man sagt. Auch unter Christen kann Geld zum Machtmittel werden. Nicht umsonst gab Jesus den Rat, dass die linke Hand nicht wissen soll, was die rechte tut (Matthäus 6,3). Almosen soll man nicht hinausposaunen, um Anerkennung zu bekommen. Ebenso hat es vor Gott keinen Wert, wenn jemand mit seinem Geld Druck ausübt. »Wenn du nicht tust, was ich sage, kürze ich meinen Beitrag.« »Wenn ihr keine anderen Lieder mehr spielt, könnt ihr nicht länger mit meiner Unterstützung rechnen.« Geld als Machtmittel. Noch gefährlicher ist es, wenn die Verbindung zwischen finanzieller Zuwendung und einer entsprechenden Erwartung unausgesprochen bleibt. Subtil gekauft, könnte man sagen, und voll drauf reingefallen.

Wann und durch wen und ab welcher Höhe sind Sie eigentlich käuflich?

Auch privat, etwa bei Taschengeld oder Erbschaft, sind finanzielle Druckmittel beliebt. Wie viele Opas und Omas versuchen sich die Liebe pubertierender Enkel durch heimliche Geldzuwendungen zu kaufen? Mit Geld geht fast alles.

Wann und durch wen und ab welcher Höhe sind Sie eigentlich käuflich? Die Frage ist durchaus ernst gemeint. Denn korrupt sind nicht immer nur die anderen. Je nach finanzieller Lage ist schon mancher umgekippt.

Und vor Gott? »Ein jeder prüfe sich selbst«, so sage ich mit Paulus, ob er oder sie nicht auch Gott mit seinem Spendenverhalten imponieren will. Oder sogar beeinflussen. Oder wenigstens ein paar Zinsen auf dem Himmelskonto sammeln und Gott gnädig stimmen.

Wissen ist Macht

EDV-Genie Jörg, der eigentlich keinen Computer braucht, wie die Kollegen anerkennend meinen, hat sich in Jahren intensiven Studiums und praktischer Erfahrungen ein enormes Fachwissen angeeignet. Eigentlich ist er ein lieber Kollege, aber, und da beginnt sein Machtpoker, er behält sein Fachwissen für sich. Um seine berufliche Position zu sichern, versucht er, unersetzbar zu werden: Ihn auf die Straße zu setzen, könnte sich die Firma nicht leisten.

Wissen ist Macht. Besonders auffällig und schädlich ist das beim so genannten Tratsch, vielfach deckungsgleich mit Verleumdung, Lüge oder Rufmord. Eine freundliche nette Dame mittleren Alters war eine treue Fürbitterin. Was sie direkt oder indirekt über Menschen erfuhr, das besprach sie mit Gott. Doch dabei blieb es nicht. Sie teilte diese Informationen auch rege anderen mit.

Beim Tratschen wird häufig Vertrauen missbraucht. »Dir kann ich's ja sagen, aber sag's keinem weiter ....« »Hast du schon gehört ...?«, fragt man hinter vorgehaltener Hand. Und schon ist es passiert. Natürlich will fast jeder wissen, was es Neues gibt. Heimlichkeiten und gerade die Fehler und Missgeschicke anderer sind beliebte Themen. Man weidet sich am Unglück anderer; die Mengen so genannter Gaffer bei Verkehrsunfällen und Naturkatastrophen weisen darauf hin. Doch Tratsch ist keine Kleinigkeit und nicht mit Interesse zu verwechseln. Wer wirklich Interesse am anderen hat, schützt ihn vor Gerede und Bloßstellung. Wenn scheinbares Wissen auf Lügen oder Fehlinterpretationen beruht, wird noch dazu die Unwahrheit verbreitet.

> *Wie reagieren Sie, wenn andere mit ihrem Wissen so taktieren? Akzeptieren Sie es einfach? Versuchen Sie, dem entgegenzuwirken?*

Wer etwas Gewichtiges, etwas Persönliches vom anderen weiß, hat Macht über ihn. Er kann diesen Menschen vor anderen bloßstellen, kann ihm berufliche und private Wege verbauen, Beziehungen belasten usw.« »Wenn du«, so beginnt in Gedanken oder Worten die Erpressung, »nicht tust was ich will, dann ...«.

Wissen ist Macht. Das gilt natürlich auch für alle, die Leitungsfunktionen wahrnehmen, denn jeder Informationsvorsprung kann zum Gefahrenherd werden. Weil man Neid begegnet. Weil andere mithalten, verstehen und mitreden wollen. Darum ist Transparenz unbedingt erforderlich und ein Zeichen von Vertrauen.

Wie reagieren Sie, wenn andere mit ihrem Wissen so taktieren? Akzeptieren Sie es einfach? Versuchen Sie, dem entgegenzuwirken?

Emotionen und emotionale Erpressung

Wer Kleinkinder beobachtet, merkt schnell, dass sie zeigen, was sie fühlen. Sie haben noch nicht gelernt, Gefühle zu verbergen. Furcht oder Widerwillen, Zorn oder Traurigkeit bringen sie daher ebenso ungeschminkt zum Ausdruck wie unbeschwerte Freude.

Es gibt kein Menschsein ohne Gefühle. Gefühle sind die Musik unseres Alltags und geben noch dazu oft den Ton an. Emotionen sind ein zentraler Bestandteil unseres Lebens, weil Gott das so gewollt hat. Er hat uns als Einheit von Geist, Seele und Leib geschaffen. Dabei sind unsere Empfindungen sehr gemischt. Mal sind wir fröhlich, mal freundlich, mal mürrisch distanziert. Hat sich unsere Miene erst einmal verfinstert, erscheint alles und jeder grau in grau. Wer Sorgen hat, dem fällt das Lachen schwer. Schließlich wird unser ganzes Erleben durch unsere momentane Befindlichkeit eingefärbt. Und unsere Hormone »musizieren« auch noch fleißig mit. Vorsicht, schlechte Laune!

Wie entstehen Gefühle eigentlich? Viele Faktoren spielen dabei eine Rolle. Menschen sind zum Beispiel sehr verschieden auf Gefühle ansprechbar. Manche Typen sind heiter, froh und optimistisch, während andere von ihrer Veranlagung her eher schwermütig sind, eben nicht so unbeschwert und fröhlich. Alles, was wir erleben, wird durch diese Brille unserer grundsätzlichen Lebenseinstellung gesehen und bewertet. Unser Charakter und das, was unsere Eltern uns vererbt und anerzogen haben, spielt dabei natürlich eine Rolle. Auch Alter und gesundheitliche Verfassung fallen ins Gewicht. Das alles schüttelt keiner einfach ab. Beachten wir also unsere unterschiedliche Befähigung zum Fühlen. Was wir selbst empfinden, das kann nicht automatisch jeder nachempfinden.

Sind wir unseren Gefühlen also hilflos ausgeliefert? Abgesehen von Affekten in extremen Ausnahmesituationen nicht. Im Gegenteil, es gibt einen engen Zusammenhang zwischen unserem Denken und unseren Gefühlen. Angst z. B. bezieht sich ja auf eine möglicherweise drohende Strafe, wir haben Angst vor Verlust, Angst zu versagen usw. Das heißt im Klartext: Wir produzieren dieses Gefühl selbst. Manchmal steigern wir uns sogar hinein und reden uns etwas ein.

Kennen Sie die Anekdote von dem Mann, der sich beim Nachbarn einen Hammer ausleihen will? Kaum ist er auf dem Weg nach nebenan, kommen ihm die ersten Gedanken in die Quere. Der Nachbar könnte sich möglicherweise daran erinnern, dass er beim letzten Mal sehr lange warten musste, bis er den geliehenen Gegenstand endlich zurückbekommen hatte. Und überhaupt: Hatte er ihn nicht kürzlich so seltsam angesehen? Ob das wegen der kaputten Fensterscheibe war, die auf das Konto der spielenden Kinder gegangen war? Vielleicht würde er ihm den Hammer deswegen gar nicht leihen. Und wenn überhaupt, dann vielleicht nur äußerst ungern. – Unglaublich! War dieser Nachbar nicht unverschämt nachtragend? Der sollte sich gefälligst mal an seine eigene Nase fassen! Damals, als der dicke Zweig von drüben bei uns auf den Zaun fiel. Ein starkes Stück war das gewesen. Was bildet dieser Kerl sich eigentlich ein ...?! Und so steigert der gute Mann sich in seine verwegenen Gedanken hinein, klingelt schließlich voller Erregung beim nichts ahnenden Nachbarn und schreit ihm entgegen: »Wissen sie was? Ihren Hammer, den können sie behalten!«

Unsere Gedanken sind mit unseren Gefühlen verbunden. Wer Positives denkt, empfindet auch positiv. Wer sich dagegen mit negativen Gedanken plagt, der erntet entsprechende Gefühle. Schöne Erinnerungen rufen angenehme Gefühle hervor. Wer sich aber über einen Menschen ärgert, empfindet schon Wut, wenn er nur daran denkt, ihm zu begegnen. Denn auch unsere Erinnerungen sind im Gehirn mit unseren Gefühlen verknüpft. Wie und was ich denke, das prägt also mein Empfinden. Und unsere Gedanken lassen sich steuern und beeinflussen.

Der Apostel Paulus gibt dazu einen wichtigen Rat: »Richtet eure Gedanken auf das, was schon bei euren Mitmenschen als rechtschaffen, ehrbar und gerecht gilt, was rein, liebenswert und ansprechend ist, auf alles, was Tugend heißt und Lob verdient« (Philipper 4,8; *Gute Nachricht Bibel*).

Mit unseren Gedanken nähren wir unsere Seele und prägen damit auch unseren Charakter und unser Leben als Christ. Wenn wir also gute Gedanken bewegen, wird unser Verhalten positiv geprägt sein. Das hat jemand einmal sehr treffend mit der Wirkung eines Echos verglichen. Niemand kann Negatives denken und dabei entspannt und glücklich sein. Ärger und Empörung werden in ihm aufsteigen, aber nie Zufriedenheit und Liebe.

Das Negative übt auch auf die Menschen in unserem Umfeld einen starken Sog aus. Es gibt zwar auch ansteckende Freude, aber es ist leichter, einen Menschen mit trüben Gedanken und schlechter Laune zu infizieren, etwa indem wir negativ über andere reden.

»Tränen sind Wasserkraft«, so drückte es der Psychotherapeut Reinhold Ruthe einmal aus. Damit wenden wir uns emotionaler Erpressung zu. Wie viele Teenager haben durch Tränen ein höheres Taschengeld erkämpft? Wie viele Kinder haben durch Tränen erreicht, dass Papa und Mama abends nicht aus dem Haus gehen? Wie viele Frauen mögen auf die gleiche Weise zu einem neuen Kleid gekommen sein, damit sie endlich wieder »was anzuziehen« haben? Und hat nicht auch mancher beim Bekennen seiner Schuld geweint, um barmherziger behandelt zu werden?

Tränen sind nicht die einzige Möglichkeit emotionaler Erpressung. Beliebt ist auch, einem anderen ein schlechtes Gewissen zu machen und Schuldgefühle zu erzeugen. Dazu bedient man sich einer breiten Palette von Vorwürfen:

– »Wenn du wirklich mein Freund wärst ...«
– »Du bringst mich noch ins Grab.«
– »Das hätte ich von dir nicht erwartet.«
– »Ich dachte, du hilfst mir ...«
– »Dann muss ich es eben selber machen.«

Auch das Erinnern an früheres Fehlverhalten erzielt oft den gleichen Effekt.

Die Abwertung des anderen führt zur eigenen Aufwertung. Sie lenkt vom eigenen (Fehl)Verhalten ab. Das ist ein uraltes Problem, wie die Bibel zeigt: »Da sprach Adam: Die Frau, die du mir zugesellt hast, gab mir von dem Baum und ich aß« (1. Mose 3,12). Eva zögert auch nicht lange, verweist den Schöpfer auf die Schlange. Bis heut erkennt man, gar nicht schwer, wir kommen von Adam und Eva her. Die »weiße Weste« ist unser Lieblingsrock. Der andere wird zum Sündenbock.

Jesus selbst hat dieses Sündenbocksyndrom in der Bergpredigt thematisiert: »Warum siehst du jeden kleinen Splitter im Auge deines Bruders, aber den Balken in deinem eigenen

Auge bemerkst du nicht?« (Matthäus 7,3; *Hoffnung für alle*). Wer mit dem Finger auf andere zeigt, sollte sich dessen bewusst sein, dass dabei in der Regel drei Finger auf ihn selbst gerichtet sind.

Schuldzuweisungen haben nicht nur zur Folge, dass der andere sauer auf mich ist. Genau das Gegenteil wird eintreten, wenn der Beschuldigte den Trick nicht durchschaut und sich meinen Vorwurf tatsächlich zu eigen macht. Er fühlt sich plötzlich schuldig. Um sich wieder gut zu fühlen, entlastet der Angegriffene sein schlechtes Gewissen. So kann ich erreichen, dass jemand sich mir freundlich zuwendet und tut, was ich will. Die emotionale Erpressung hatte Erfolg.

Die Technik der emotionalen Erpressung wird – auch in Kirchen und Gemeinden – besonders dann angewandt, wenn man sich im offenen Kampf unterlegen fühlt. Manchmal genügt schon ein Schweigen, um Gefühle für sich »kämpfen« zu lassen.

»Emotionale Manipulation funktioniert dort, wo ich durch gelenkte Information, durch In-den-Raum-Stellen von Behauptungen und/oder durch emotionale Beeinflussung zu einem bestimmten Ergebnis komme und andere Menschen alternative Sichtweisen und ihren eigenen Entscheidungsspielraum nicht mehr erkennen können«, schreibt Karin Ackermann-Stoletzky in ihrem empfehlenswerten Buch: »Ich liebe dich, wenn du dich fügst. Wie Menschen einander manipulieren« (R. Brockhaus Wuppertal 2004).

Kürzlich bekam ich einen seelsorgerlichen Brief. Die Absenderin schrieb von mancherlei Enttäuschungen durch Menschen, die ihr zu helfen versucht hatten. Dabei sei nichts wirklich von Dauer gewesen. Damit gewann sie mein Mitleid. Doch dann las ich den letzten Satz ihres Briefes: »Dies ist das letzte Mal, dass ich bei einem Menschen Hilfe suche.« Und damit hatte ich den »schwarzen Peter«. Was, wenn nun auch mein Versuch fehlschlagen würde, der Dame zu helfen?

Wäre ich dann möglicherweise sogar daran schuld, wenn sie sich in ihrer Verzweiflung etwas antun würde? Ich fühlte mich erpresst.

Noch einmal Karin Ackermann-Stoletzky: »Wer sich so manipuliert fühlt, hat in der Regel zwei Möglichkeiten: 1. Er richtet sich nach den Vorstellungen des anderen, fühlt sich aber schlecht und gezwungen. 2. Er verweigert den Wunsch des anderen, bezahlt das aber mit einem schlechten Gewissen und Schuldgefühlen. Beide, sowohl der ›Täter‹ als auch das ›Opfer‹, beschneiden sich so massiv in ihrem Handlungsspielraum und werden in einer selbst gewählten Gefangenschaft immer abhängiger voneinander.« ... »Nur sehr wenige Menschen, die sich der Waffen der emotionalen Erpressung bedienen, sind wirklich ›schlechte Menschen‹, die meisten durchschauen selbst nicht, was sie tun, und halten sich selbst ehrlich für Opfer.«

Solche Menschen wollen sich rächen, suchen nach Zuwendung oder sie verstecken ihre Schwäche hinter diesem Machtmittel. Oder sie fühlen sich verletzt, können ihre Gefühle nicht kontrollieren. Manche haben auch Ängste oder ganz einfach nie gelernt, mit Enttäuschungen anders umzugehen.

Ein besonders schwer wiegender Fall emotionaler Erpressung findet häufig im Zusammenhang mit sexueller Gewalt statt. Der Mächtige manipuliert – häufig aus einem Gefühl der Angst heraus – den Schwächeren zur eigenen Befriedigung, und setzt ihn mit Drohungen darüber hinaus unter Druck.

> *Wann hat jemand versucht, Sie emotional unter Druck zu setzen? Kommen Ihnen Situationen in den Sinn, wo Sie selbst andere über die Gefühlsebene erpresst haben, um Ihre Ziele zu erreichen?*

Emotionaler Druck lässt sich auch mit positiv klingenden Worten ausüben: »Keiner kann das so gut wie du! Bitte übernimm das noch ein einziges Mal.« »Ohne dich wüsste ich überhaupt nicht, was ich machen soll!«

»Wenn wir dich nicht in der Gemeindeleitung hätten, ginge es hier drunter und rüber!«

Wann hat jemand versucht, Sie emotional unter Druck zu setzen? Kommen Ihnen Situationen in den Sinn, wo Sie selbst andere über die Gefühlsebene erpresst haben, um Ihre Ziele zu erreichen?

Die Macht der Schwachen

»Okolade, Mama. Okolade, haben.« Klein-Svenja hockt auf dem Boden und versucht mit dem flehenden Blick eines ausgehungerten Kindes die Mama herum- und die Schokolade in ihren Besitz zu kriegen. Als das nicht wirkt, steht sie auf. Wie mit einem Vorschlaghammer stampft sie das Wort mit ihren Beinchen in den Boden: »O-ko-la-de!« Mama schwankt, bleibt aber hart: »Nein, Svenja, jetzt nicht mehr, wir essen gleich.« Die Mutter wendet sich wieder dem Herd zu, Svenja ändert ihre Taktik. Lautes Heulen übertönt das Brutzeln der Pfanne, dicke Tränen kullern über die Wangen der kleinen Haus-Herrin. »Okolade«, schluchzt sie kaum verständlich. – Endlich schmilzt Mama dahin und Svenja verleibt sich ihre Schokolade genüsslich ein. Aller Kummer ist vergessen. Die Schwache hat gewonnen!

Seit vielen Jahren ist sie als Pflegefall eingestuft und auf Hilfe angewiesen. Morgens kommt jemand zum Ankleiden, mittags liefert »Essen auf Rädern« eine fertige Mahlzeit. Nachmittags schaut die Nachbarin vorbei und erledigt Einkäufe, und abends kommt jemand, um sie für die Nacht vorzubereiten. Dazwischen schaut zweimal in der Woche Hannelore vorbei. Dann liest sie etwas vor, die beiden unterhalten sich, spielen miteinander oder sie spazieren mit dem Rollstuhl durch den Park. Hannelore tut das nicht nur als diakonischen Einsatz aufgrund ihres christlichen Glaubens, sie mag die Kranke auch und geht eigentlich gerne zu ihr. Eigentlich? Manchmal wird ihr der Druck, den sie spürt, auch zu groß. Sie fühlt sich verpflichtet. Kommt sie einmal zehn Minuten später, schaut die Kranke vorwurfsvoll auf die Uhr, und wenn sie nach zwei Stunden geht, kommt jedes Mal der gleiche Satz: »Willst du schon gehen?«. »Ich muss gehen, die Kinder kommen aus der Schule, mein Haushalt verlangt nach mir.« Wieso rechtfertigt sie sich eigentlich? Warum hört sie sich immer wieder das Jammern an, dass »niemand« käme? Warum erledigt sie Handgriffe, die die Kranke auch selbst schaffen würde?

»Gestern hat Rüdiger mich zur Schnecke gemacht. Ich wusste nicht, wie mir geschah, als er mich aus heiterem Himmel mit heftigen Anschuldigungen traktierte. Ich würde Macht auf andere ausüben, meinte er. Wie soll ich das denn verstehen? Ich stehe doch immer eher am Rande und fühle mich ohnmächtig. Ich habe gar nichts gesagt und bin gegangen. Sonst hätte er sicher noch weitergemacht.« Auf den ersten Blick wirkt das tatsächlich hilflos und ohnmächtig. Sieht man tiefer, entdeckt man jedoch die Stärke des scheinbar Schwachen, des Angegriffenen. Er hat nichts gesagt, ist einfach gegangen, hat den anderen auflaufen oder abblitzen lassen. Er hat den angreifenden Worten keine wirkliche Bedeutung geschenkt. Rüdiger war ihm keine Antwort wert. Der scheinbar Schwache wusste sich sehr wohl zu helfen, hat sich – ganz und gar nicht wehrlos – mit seinen Möglichkeiten gewehrt, hat mit seinen Mitteln zurückgeschlagen und Rüdiger dabei vielleicht auch verletzt. Denn Schweigen ist nicht immer Gold.

Entdecken Sie auch bei sich in mancher Schwäche Stärke?

Scheinbare Ohnmacht kämpft zuweilen mit harten Bandagen, etwa Halbwahrheiten und bewussten Fehlinterpretationen. Misstrauen und Argwohn werden gesät. Statt Liebe zur Gemeinde offenbart sich dann bei näherem Hinsehen verletzter Stolz als treibende Kraft.

Entdecken Sie auch bei sich in mancher Schwäche Stärke?

Machtgefälle und Abhängigkeitsverhältnisse

Ich gehe gerne durch einen Zoo und beobachte die Tiere. Ihr Sozialverhalten ist zwar manchmal ganz schön erschreckend. Aber ab und zu denke ich auch, dass wir Menschen hier eine Menge lernen könnten, denn trotz der so genannten Hackordnung geht es doch meist recht friedlich zu.

Sie regeln ihre soziale Rangfolge in ihrer jeweiligen Gruppe. Das stärkste Männchen dominiert über alle, sein Weibchen schikaniert die Artgenossinnen. Entfernte Verwandte halten sich am Rande vornehm zurück, und die Kinder klären schon ganz früh, wer der Stärkere und Geschicktere oder Mamas Liebling ist und sich deswegen besonders viel erlauben darf. – Geht es hier um Tiere oder um uns Menschen?

Tatsächlich passt diese Beschreibung für beide. Jedes Verhältnis zwischen Menschen ist auch ein potenzielles Machtverhältnis. Sobald der eine beginnt, seine Ziele mit Hilfe des anderen zu erreichen, kann es zum Gebrauch von Macht kommen. Da wir nicht wie Robinson allein auf einer einsamen Insel leben (was sich mancher zumindest zeitweise wünscht, um sich dem Einfluss anderer zu entziehen), müssen wir uns miteinander arrangieren: Mann und Frau in einer Partnerschaft und Ehe, Eltern mit ihren Kindern, Eltern mit ihren Eltern, Geschwister untereinander ...

Die gesellschaftliche Entwicklung sorgt übrigens dafür, dass sich die Beziehungen verändern. Das Machtgefälle zwischen Männern und Frauen oder auch das zwischen den Generationen hat sich im letzten Jahrhundert zum Beispiel deutlich verringert. Das Gefälle etwa zwischen Ländern der Ersten und denen der Dritten Welt hat andererseits zugenommen.

Dabei ist die wirkliche Macht nicht mal immer automatisch auf der Seite der Mächtigen: Eltern erziehen ihre Kinder und haben in der Familie das Sagen (»Solange du deine Füße unter diesen Tisch streckst ...«), aber manchmal tanzen die Kinder ihnen auch auf der Nase herum. Lehrer sitzen zwar formell am längeren Hebel, aber Schüler beherrschen die Klaviatur der Machtübernahme nahezu perfekt. Wie viele Lehrer halten diesem Druck nicht stand und quittieren aus gesundheitlichen Gründen vorzeitig den Dienst? Der Arbeitgeber hat das Sagen und die Macht, seine Interessen durchzusetzen, doch Angestellte nutzen sehr wohl ihre Möglichkeiten, Entscheidungen aus der Chefetage zu akzeptieren oder sie – mehr oder weniger unverhohlen – zu ignorieren.

Auch in der christlichen Gemeinde gibt es Abhängigkeitsverhältnisse, die ein Machtgefälle erzeugen. Gemeindeleiter und Pastor, Vorstand und Presbyterium haben etwas zu sagen. Wer von wem abhängig ist, wer auf wessen Unterstützung und Loyalität angewiesen ist, ist allerdings nicht immer auf Anhieb durchschaubar. Wenn der Pastor trotz schwieriger Umstände und aus seelsorgerlicher Haltung zu einem leitenden Mitarbeiter steht, wird der in späteren Zeiten auch zu dem vielleicht einmal umstrittenen Pastor halten. Ein Presbyter, der seine Wahl ins Presbyterium vor allem der Unterstützung einer einflussreichen Familie zu verdanken hat, wird sich schwer tun, gänzlich unabhängig zu entscheiden. »Glaub‹ bitte nicht, dass ich deine Wiederwahl unterstütze, wenn du immer nur deinen Kopf durchsetzt« – wer will hier seinen Kopf durchsetzen?

Welche Erfahrungen haben Sie gemacht?

Welche Erfahrungen haben Sie gemacht?

Die Macht der Gedanken

»Die Gedanken sind frei, wer kann sie erraten? Sie fliegen vorbei wie nächtliche Schatten. Kein Mensch kann sie wissen ...«, so heißt es in einem alten Volkslied. Einerseits stimmt das ja auch, denn wir haben keine Glasscheibe vor der Stirn, die jedem den Einblick in unser Gehirn ermöglicht. Was ich denke, kriegt zunächst niemand mit.

Zunächst, denn unsere Gedanken können sich jederzeit in Worte verwandeln. Oder auch in Taten. Und das geht blitzschnell. Im Affekt haben wir uns nämlich nicht mehr ganz unter Kontrolle. Und dann rutscht manches Wort raus, das uns im nächsten Augenblick schon Leid tut oder ängstigt. Oder uns »rutscht die Hand aus«. Dahinter stecken natürlich Gedanken. Denn von nichts kommt auch hier nichts.

Gott sagt darum in seinem Wort, dass wir auf unsere Gedanken achten sollen. Ganz so frei sind sie also doch nicht. Selbst wenn kein Mensch unsere Gedanken erfährt, ist unserem Schöpfer nicht verborgen, wie es in uns aussieht. »Du verstehst meine Gedanken von ferne«, betet David in Psalm 139,2.

Jesus Christus knüpft mit seinen Worten: »... aus dem Herzen kommen böse Gedanken« (Matthäus 15,19) an 1. Mose 8,21 an. Dort ist zu lesen: »Das Dichten und Trachten des menschlichen Herzens ist böse von Jugend auf.« Wie sich das zeigt, zählt Jesus weiter auf: »Mord, Ehebruch, Unzucht, Diebstahl, falsches Zeugnis, Lästerung.« Womit nicht gesagt wird, dass unsere Gedanken in jedem Fall schlimm oder schuldhaft sind. Aber aus den Gedanken wird die Tat geboren, so auch Lieblosigkeit oder Machtgebaren auf Kosten anderer.

Zur Macht unserer Gedanken gehört auch der Sog des Negativen. Wie ein fauler Apfel die anderen Äpfel im Obstkorb infiziert, so steckt ein Meckerer andere an und übt auf diese Weise viel Macht aus, häufig sehr verheerende Macht. Alles fing in Gedanken an. Bestimmt kennen Sie Menschen mit einer solchen Negativausstrahlung. Es ist ihnen kein Problem, eine Freizeit oder eine fröhliche Familienfeier so zu beeinflussen, dass allen der Spaß vergeht. Gedanken werden zur Tat und pflanzen sich fort.

Kurt Scherer, mein Vorgänger als Leiter der Seelsorgearbeit des Evangeliums-Rundfunks (ERF), brachte in diesem Zusammenhang das Gesellschaftsspiel: »Mensch, ärgere dich nicht« in Erinnerung. Wir glauben ja fälschlicherweise oft, die anderen würden uns ärgern. Dabei sind es wir selbst, denn zum Ärger über andere Menschen gehören mindestens zwei. Wir selbst entscheiden, was wir mit uns machen lassen. Wir entscheiden darüber, was uns ärgern darf und was nicht. Diesen Handlungsspielraum sollten wir nicht vorschnell aus der Hand geben. Scherer schreibt: »Ärger wird im Kopf, in den Gedanken, geboren, und die Gedanken lösen Gefühle von Wut, von Zorn aus. Und diese ›ärgerlichen‹ Gefühle verstärken wieder die Gedanken des Ärgers. Das, was in unserem Kopf vorgeht, bestimmt also, ob wir uns ärgern oder nicht« *(Umdenken und neu beginnen, Hänssler, Holzgerlingen)*.

Wenn und weil das so ist, haben wir zum großen Teil auch selbst in der Hand, was aus unserem Ärger, unseren Gedanken und Gefühlen, wird. Geben wir ihnen weiteren Raum und Macht? Dann darf uns nicht wundern, wenn sich eine Situation zuspitzt.

Allerdings gibt es auch Gedanken, die man gar nicht denken will. Sie geben Einblick in unser Inneres. Denn auch so genannte »blöde«, dem ersten Anschein nach sinnlose Gedanken enthalten oft das berühmte Körnchen Wahrheit. Da will jemand nicht, dass sein Bekannter wirklich stirbt, die Gedanken sind dennoch da und erschrecken. Aber zu einem besseren Leben des Bekannten trägt derjenige nichts bei, die Beziehung ist nicht unbelastet. In Gedanken wird vieles überspitzt. Wir führen in Gedanken aus, was wir uns sonst nicht trauen. Und weil wir uns nicht trauen, erschrecken uns logischerweise diese eigenen Gedanken. Neid oder Unversöhnlichkeit sind oft der Nährboden für extremes Denken, das wir in der Form gar nicht wollen. Nicht so radikal, nicht immer wieder ...

Der Gedanken-Stopp ist ein einfacher Versuch, zur Ruhe zu kommen und sich nicht weiter hineinzusteigern. Eine Chance umzudenken, anstatt sich gehen zu lassen. Sagen Sie laut: »Stopp!«, wenn wieder Gedanken aufkommen, die Sie nicht denken wollen. Treten Sie dabei ruhig energisch mit dem Fuß auf den Boden und sagen laut: »Nein, ich gebe diesen Gedanken jetzt keinen weiteren Raum.« Mancher macht damit gute Erfahrungen im Sinne erster Hilfe.

Probieren Sie es doch einmal aus! Und: Setzen Sie beschwerlichen Gedanken ganz bewusst erfreuliche entgegen.

Probieren Sie es doch einmal aus! Und: Setzen Sie beschwerlichen Gedanken ganz bewusst erfreuliche entgegen.

Gebet bedeutet, aus seinem Herzen keine Mördergrube zu machen und Gott zu sagen, was in uns vorgeht. Dann löst und entkrampft sich etwas. Neues, positives Denken kann in uns Raum gewinnen und Kreise ziehen.

Reden ist Silber

So sagt man. Es gibt so wohltuende Worte. Aber schon muss ich einschränken, denn es kommt ja ganz auf die Situation an. Wenn die Mutti ihr Kind auf den Arm nimmt und sagt: »Du bist doch mein Allerbester!«, freut sich das Kind. Die beiden Geschwister, die dabei stehen, fühlen sich allerdings zurückgesetzt. Wenn der Gemeindeleiter einem Sonntagsschulmitarbeiter sagt: »Auf dich kann ich mich verlassen, du machst das am besten«, dann wertet er – vielleicht ganz unbewusst – andere ab. Des einen Freud, des anderen Leid?

Und dann gibt es Worte, die eigentlich niemandem wohl tun. Die Schriftstellerin Hilde Domin hat einmal geschrieben, dass wir Worte nicht zurückholen können wie einen Vogel, der wieder zurückkommt, und dass Worte gefährlicher sind als ein Messer. Ein Messer kann stumpf sein, sagt sie, nicht so das lieblose Wort. Das trifft und verletzt immer. Davon kann jeder ein Liedchen singen. Jeder hat schon erlebt, wie weh es tut, mit Worten verletzt zu werden oder vor anderen fertig gemacht und bloßgestellt zu werden.

Dieser alten und zugleich hochaktuellen Problematik widmet Jakobus fast ein ganzes Kapitel. Nehmen Sie sich ruhig die Zeit, die ersten zwölf Verse aus Jakobus 3 zu lesen, denn deutlicher kann man es nicht sagen. Jakobus legt seinen mahnenden Finger auf die Heuchelei und den Irrglauben, einerseits Gott loben und andererseits seine Geschwister mit Worten (er)schlagen zu können.

Bleibt noch zu erwähnen, dass bekanntlich der Ton die Musik macht. Lautstärke, Betonung und Mimik sprechen mehr als die Worte, die an sich nur leere »Hülsen« sind. Mit wachsender Frustration oder Anspannung steigen nicht nur der Adrenalinspiegel und der Blutdruck, sondern verändert sich auch unsere Stimme. Sie wird lauter und heller. Das wird dann noch mit einem bestimmten Blick (»wenn Blicke töten könnten«) oder vielsagenden Gesten (der erhobene Zeigefinder ist auch zwischen Erwachsenen eine ernst zu nehmende Drohgebärde) unterstrichen, und fertig ist die Botschaft, die den anderen garantiert fertig macht.

> *Nehmen Sie sich ruhig die Zeit, die ersten zwölf Verse aus Jakobus 3 zu lesen, denn deutlicher kann man es nicht sagen.*

Schweigen ist Gold

Niemand wird bestreiten, dass Schweigen wohltuend und wichtig, also wertvoll wie Gold sein kann. Aber hier interessiert uns das andere Schweigen, Schweigen als Machtmittel. Es gibt Menschen, die haben sich nichts mehr zu sagen. Und andere sagen sich nichts mehr, obwohl es noch viel zu klären und mitzuteilen gäbe. Wer aus Desinteresse, Rache oder Hochmut schweigt, tritt nur äußerlich still auf. Innerlich brodelt es. Da werden insgeheim die Gedanken geschmiedet, die ich vorhin angesprochen habe.

Schweigen als Machtmittel kann anderen sehr weh tun. Denn es bedeutet eigentlich: »Du bist mir nicht die Mühe der Kommunikation wert.« Und da geht es nicht nur um Mühe, sondern oft um den Wert des anderen: »Du bist es nicht wert, mit dir will ich nichts mehr zu tun haben.«

Dieses Schweigen findet sich auch in christlichen Gemeinden. Der Hintergrund ist exakt der gleiche. Desinteresse (»Ich habe dich nicht in unsere Gemeinde gebeten, unsere Chemie stimmt nicht«), Rache (»Dich lass' ich zappeln, bis du ganz klein bist«) und Hochmut (»Du kannst mir nicht das Wasser reichen, sei du erst mal so lange dabei wie ich«). Wer so schweigt, stellt sich über den anderen und hat spätestens damit ein Machtgefälle hergestellt und die Tür zur Eskalation aufgestoßen.

Vielleicht ist es an der Zeit, mit einer Vertrauensperson über Ihr Schweigen zu reden!

Dann gibt es noch ein anderes Schweigen. Etwa bei Menschen, die allein durch ihre Anwesenheit so laut und mächtig reden, dass sie keinen Ton sagen müssen. Das findet man z. B. in Familien. Papa muss nichts sagen, sein Blick reicht, und schon ist das leidige Thema wieder vom Tisch. Aber selbst ohne vielsagenden oder einschüchternden Blick geht das. In Anwesenheit des Gemeindeältesten sagt man bestimmte Dinge nicht, weil man weiß, dass es doch »keinen Zweck hat«. Es bleibt dem Einzelnen überlassen, ob er solches Schweigen als Gold oder doch eher als Blech bewertet.

Vielleicht ist es an der Zeit, mit einer Vertrauensperson über Ihr Schweigen zu reden!

Lasst Taten sprechen

Das könnte so in der Bibel stehen. Tut es aber nicht, obwohl der Aufruf zum Handeln sich wie ein roter Faden durch Gottes Wort zieht. Und obwohl Jesus Christus sagt: »Ohne mich könnt ihr nichts tun« (Johannes 15,5), müssen wir zunächst feststellen, dass wir ganz viel ohne ihn tun können und auch tun. Unsere Welt ist voller gottloser Taten, von denen wir uns in diesem Buch einige näher ansehen. Der Apostel Paulus zählt im so genannten Lasterkatalog als »Werke des Fleisches« auf: »Unzucht, Unreinheit, Ausschweifung, Götzendienst, Zauberei, Feindschaft, Hader, Eifersucht, Zorn, Zank, Zwietracht, Spaltungen, Neid, Saufen, Fressen und dergleichen« (Galater 5,18-21). Hat der Apostel den Machtmissbrauch vergessen, oder steckt der z. B. in Eifersucht, Neid und Feindschaft mit drin?

»Ohne mich könnt ihr nichts tun«, sagt Jesus im Zusammenhang mit Früchten, die die Rebe am Weinstock hervorbringt. Bei Paulus findet sich in Galater 5,22 eine Aufzählung der Früchte des Geistes. Allerdings weiß der gleiche Apostel auch zu berichten, dass das gar nicht so einfach ist, wenn er an die Christen in Rom bekennt: »Denn das Gute, das ich will, das tue ich nicht; sondern das Böse, das ich nicht will, das tue ich« (Römer 7,19).

Die Macht böser Taten haftet uns an. Darum »lasst uns ablegen alles, was uns beschwert, und die Sünde, die uns ständig umstrickt« (Hebräer 12,1). Mit diesem Imperativ berührt der Schreiber des Hebräerbriefes auch unseren unfrommen Hunger nach Macht – durch welche Taten auch immer wir ihn zu stillen versuchen.

Pyromanen sind Menschen, die Feuer legen. Im übertragenen Sinn spricht man auch von Pyromanen, wenn einer den anderen mit seinen Gemeinheiten ansteckt und sich so Tratsch oder Vorurteile oder Abneigung wie ein Feuer ausbreiten. In manchen Gemeinden brennt es! Einige löschen. Andere gießen neues Öl ins Feuer.

Tragisch ist, dass unser Tun Auswirkungen auf andere hat und manchen ansteckt. So ist durch Eskalation aus mancher Mücke ein sprichwörtlicher Elefant geworden. Denn wenn der Teufel bei uns etwas nicht verhindern kann, dann versucht er es zu übertreiben.

Wenn der Teufel bei uns etwas nicht verhindern kann, dann versucht er es zu übertreiben. Wie haben Sie das zuletzt erlebt?

Wie haben Sie das zuletzt erlebt?

Wer nichts tut, tut auch etwas

Nach der »Macht der Taten« geht es jetzt um die »Macht unserer Un-taten«, aber nicht im Sinne einer bösen Tat, sondern als Nichtstun, als Untätigsein. Jakobus bringt es auf den Punkt und schreibt: »Im Übrigen gilt: Wer die Zeit und die Mittel hat, Gutes zu tun, und es nicht tut, macht sich schuldig« (Jakobus 4,17; *Gute Nachricht Bibel*). Und jetzt denken wir mal nicht an Notleidende in Afrika, für die jemand etwas spenden könnte, der den Überweisungsträger stattdessen zum Altpapier gibt. Sondern wir bleiben im Lande, in der Gemeinde. Hier richten wir unseren Blick auf die Zuschauer auf den Rängen, die still das Geschehen beobachten, ab und zu ihre Besserwisserei zum Ausdruck und die Gemeinde damit in Aufruhr bringen, ansonsten aber nicht selbst Hand anlegen. Es gibt etliche Mitarbeiter, auf deren Schultern viel Arbeit lastet. Aber die Zahl der distanzierten Beobachter ist in vielen Gemeinden größer. Nichtstun ist ein Machtmittel, mit dem man andere auf Dauer kaputt »macht«.

Ich komme später noch auf falsche Demut zu sprechen. Auch dieser Virus geistlicher Minderwertigkeitskomplexe lähmt und legt manchem geradezu die Hände in den Schoß; allerdings weniger zum Beten als zu depressiver Untätigkeit. Wer aus der Überzeugung, er sei zu nichts zu gebrauchen und die anderen könnten alles viel besser, keinen Finger krumm macht, beleidigt den Schöpfer und glaubt Jesus Christus nicht, der sagt: »Wenn schon ihr, die ihr doch böse seid, dennoch euren Kindern gute Gaben geben könnt, wie viel mehr wird euer Vater im Himmel denen Gutes geben, die ihn darum bitten« (Matthäus 7,11).

Strafen Sie andere durch Nichtstun? Welche Gaben verkümmern bei Ihnen?

Wer nichts tut, tut auch etwas. Er behält anderen und damit Gott selbst vor, was er einbringen könnte. Und so verkümmern ungeahnte Schätze, denn schließlich war nicht nur Petrus davon überzeugt, dass jeder Gaben einzubringen hat. »Dienet einander, ein jeder mit der Gabe, die er empfangen hat, als die guten Haushalter der mancherlei Gnade Gottes« (1. Petrus 4,10).

Strafen Sie andere durch Nichtstun? Hat man Ihnen den Eindruck vermittelt, nirgendwo richtig mitarbeiten zu können? Welche Gaben verkümmern bei Ihnen?

Lügen, Notlügen, Lebenslügen

– Der Politiker, der vor der Wahl Versprechungen macht, von denen er weiß, dass er sie später nicht einhalten kann, lügt.
– Der Mann, der seiner Frau nicht gleich sagt, dass er im Betrieb die Kündigung bekommen hat, bedient sich der Notlüge – bis auch er die Wahrheit nicht länger vertuschen kann.
– Die Verwandten, die ihrem sterbenskranken Angehörigen nicht die Wahrheit sagen, lügen – wieder aus besonderen Motiven heraus.
– Mancher Kirchgänger lügt, wenn er sonntags mitbetet und mitsingt, sein Leben aber nicht abdeckt, was er da von sich gibt.

- Der Arbeiter, der dem Schichtkollegen auf die Frage nach seinem Ergehen: »Gut!« antwortet, in Wirklichkeit aber gesundheitlich nicht gut drauf ist und familiäre Sorgen hat, lügt.
- Der Atheist, der behauptet, die Menschen seien im Grunde gut, lügt ebenso wie der Pfarrer, der verkündet, Gott würde uns nur lieben, wenn wir okay sind.
- »Die anderen können immer alles besser.« Diese Selbsteinschätzung der jungen Frau ist eine Lüge.
- »Wenn du nur richtig glauben würdest, wärst du nicht krank«, so lügt mancher Fromme und treibt damit andere noch tiefer ins Elend.

Zu den Mitteln, um ein Ziel zu erreichen, gehören wie selbstverständlich die Lüge, die so genannte Notlüge und auch manche Lebenslüge. Was sind Lügen? Es sind Überzeugungen, die mit der Wirklichkeit nicht übereinstimmen. Sie sind von anderen übernommen oder selbst zusammengereimt. Sie sind besonders gefährlich, wenn wir sie bereits für wahr und gerechtfertigt halten und nicht mehr in Frage stellen.

Die egoistischen Lügen des Alltags sind die am meisten verbreiteten Lügen überhaupt, denn das beginnt schon im frühen Kindesalter. Wahrscheinlich lernen Kinder hauptsächlich von uns Erwachsenen, sich durch Lügen Vorteile zu verschaffen. Auch Erwachsene versuchen gezielt sich den eigenen Vorteil zu sichern. Sie lügen wie gedruckt. Auf Formularen und in der Firma, beim Autounfall und gegenüber der Krankenkasse, im Kaufhaus und beim Nachbarn. Egoismus sucht immer einen Weg, um befriedigt zu werden. Dabei rangiert der eigene Vorteil stets vor dem Allgemeinwohl. »Hauptsache, ich schneide gut ab!« Egoismus ist das Grundproblem, wohl eines der größten Probleme der Menschheit überhaupt. Die Lüge selbst ist nur die Ausdrucksform dieser tiefer liegenden Not.

Das »kleinere Übel«, so nennt mancher die so genannten Notlügen. Sie sind heftig diskutiert und theologisch umstritten. Sicher auch wegen des enthaltenen egoistischen Anteils. Denn es geht eben nicht nur um den anderen. Angst vor der Wahrheit am Krankenbett ist auch die Angst davor, die schlechte Nachricht überbringen und selbst mit den Folgen fertig werden zu müssen. Auch Notlügen haben mit Unwahrheit und Schuld zu tun.

Selbst Lebenslügen stehen zielgerichtet im Dienste der Macht. Die Vorstellung, es allen Leuten recht machen zu müssen, ist eine solche Lüge. Oder die Erwartung, von allen Menschen geliebt zu werden. Auch der Gedanke, nichts wert zu sein oder dass andere immer alles besser können, ist hier zu nennen. Man kann sich die Entstehung solcher Lebenslügen wie eine Schallplatte vorstellen, die einen Kratzer hat. An dieser Stelle springt die Nadel immer wieder in eine vorherige Rille, sodass ununterbrochen das Gleiche zu hören ist. Und was man immer wieder hört, das prägt sich ein, es wird übermächtig. Keineswegs aus egoistischen Gründen begibt sich jemand in dieses Fahrwasser. Und doch kann es dazu kommen, dass der Betroffene aus Selbstschutz in diesen falschen Gedanken beharrt. Vielleicht aus Angst. Vielleicht aber auch, weil es bequemer ist, nicht besonders gefordert zu sein. Man kann sich sogar mit der Versagerrolle anfreunden oder damit abfinden, immer für andere im Einsatz zu sein, ohne an sich selbst zu denken.

Warum ist Wahrheit so schwer?
– Wahrheit ist schwer, weil sie eine Einschränkung darstellt.
– Wahrheit ist schwer, weil sie Konsequenzen erfordert.
– Wahrheit ist schwer, weil sie die Tatsachen auf den Tisch legt.
– Wahrheit ist schwer, weil sie auch die Wahrheit über uns offenbart.

Und warum ist Wahrheit so wichtig?
– Wahrheit ist wichtig, weil sie mit Täuschungen aufräumt.
– Wahrheit ist wichtig, weil sie aus Verstrickungen befreit.
– Wahrheit ist wichtig, weil sie ein Ausdruck des Friedens ist.
– Wahrheit ist wichtig, weil sie gottgewollt ist.

»Alles, was wir sagen, soll wahr sein, aber wir müssen die Wahrheit ja nicht immer sagen.« Irgend jemand prägte diesen Satz, der schon manchem geholfen hat, wohl überlegt zu reden oder lieber ganz zu schweigen. Wir müssen nicht immer reden. Wir sind nicht verpflichtet, allen alles zu sagen. Aber was wir sagen, soll wahrhaftig sein. Durch diese Überlegung können wir Lügen vermeiden. Aber auch dieser schlaue Satz hat seine Tücken, denn nicht immer bleibt uns Zeit für gründliche Überlegungen.

»Wer einmal lügt, dem glaubt man nicht, auch wenn er jetzt die Wahrheit spricht.« Ausnahmen zu diesem Sprichwort mag es geben, aber es wird immer schwerer, gute Beziehungen zu pflegen, wenn man es mit der Wahrheit nicht so genau nimmt. Dies gilt im Betrieb, in der Familie, in der Gemeinde. Überall. Plötzlich haftet einem nämlich der Makel des Lügners an, oder man wird als jemand angesehen, auf dessen Worte man lieber nichts geben sollte. Weil sie unzuverlässig sind. Jesus Christus fordert uns auf: »Alles nun, was ihr wollt, dass euch die Leute tun sollen, das tut ihnen auch!« (Matthäus 7,12). Unser Sprichwort greift diesen Gedanken auf, wenn auch von der anderen Seite: »Was du nicht willst, dass man dir tu, das füg' auch keinem anderen zu.« In beiden Worten geht es darum, dass wir uns wünschen, nicht belogen, betrogen und hintergangen zu werden. Sind wir es dann nicht auch den anderen schuldig? Was Jesus sagt, ist mehr als ein heißer Tipp! Es ist eine Aufforderung. Dahinter steckt die Tatsache, dass es sich nur in wahrhaftigen Beziehungen wirklich gut miteinander leben lässt. Wer etwas anderes behauptet, lügt sich selbst etwas vor. Lüge hatte weder im Paradies einen Platz noch wird es sie in Gottes neuer Welt geben. Sie ist Zeichen der gefallenen Schöpfung.

Und was ist Wahrheit? Wahrheit ist Wirklichkeit. Obwohl es lange, schwierige Abhandlungen darüber gibt und wir auch zwischen subjektivem und objektivem Wahrheitsempfinden unterscheiden müssen, will ich meine Antwort auf diesen kleinen Satz reduzieren. Wahrheit ist Wirklichkeit, und zwar wie sie ist, und nicht wie mancher sie gern hätte und sich darum der Lügen bedient. Letzte Wahrheit ist göttlich, denn sie erschließt uns die Tatsachen über uns, die Welt und Gott. Über Verlorenheit und Rettung, Unheil und Friede. Diese Wahrheit trägt den Namen Jesus Christus.

3. Alles eine Frage der Definition?

Verschiedene Mittel und Wege sind nun beschrieben, in denen Macht immer irgendeine Rolle spielt. Ich bin sicher, dass Sie sich an mehreren Stellen wiedergefunden haben. Stimmt's? Eigentlich kann ich ruhig behaupten, dass es gar nicht anders sein kann, außer Sie haben nicht aufmerksam gelesen. Jeder hat schon mal Abhängigkeitsverhältnisse zu seinem Vorteil benutzt oder andere durch Gefühle unter Druck gesetzt. Und wenn nicht bewusst, dann ist es unbewusst geschehen. Sie haben auch schon geschwiegen, wo Sie hätten reden sollen. Ich will Ihnen ja keine Lügen unterstellen, aber, mal ehrlich ...

Versuchen wir, das bisher Gesagte zusammenzufassen, und sehen uns darum einige Definitionen von Macht an:

»Macht bedeutet jede Chance, innerhalb einer sozialen Beziehung den eigenen Willen auch gegen Widerstreben durchzusetzen« (Max Weber, Soziologe, 1864-1920). Macht hat ihren Ort also in einer Beziehung und bietet darin die Chance, den eigenen Willen durchzusetzen, wenn es sein muss, auch gegen Widerstand. Jede beliebige Eigenschaft und Situation kann demnach zur Entwicklung einer Machtstellung führen. Wildwuchs im Sinne von Machtmissbrauch sind damit Tür und Tor geöffnet. Webers Definition ist ganz auf den Konfliktfall bezogen. Es darf aber nicht vergessen werden, dass Macht um des gemeinschaftlichen Lebens willen auch ihre Berechtigung hat und auf gesellschaftlichen Konsens stößt. Darum eine Erklärung eines anderen Soziologen:

»Macht ist allgegenwärtige, mit dem Bestand, der Behauptung, der Entwicklung von Systemen auf Steigerung angelegte Größe. Soziologisch gesehen wirkt sie als Mittel, das die Gesellschaft in ihren Abläufen (Konkurrenzen, Konflikten), Regulierungen, Tauschprozessen generell einsetzt« (Wolfgang Lipp). Lipp definiert Macht neutral, lässt also offen, mit welchen Mitteln letztlich welche Ziele erreicht werden. Auffallend sein Hinweis, dass Macht allgegenwärtig und auf Steigerung angelegt ist. Also doch ein erster negativer Hinweis, weil Machthunger angeblich nie gestillt ist?

»Macht ist in allgemeinem Sinne die Möglichkeit, seinen Willen zur Realisierung von Zielen anderen aufzuerlegen. Nur im Gehorsam gegen Gott, im Dienst der Nächstenliebe und in der Begrenzung durch Recht und Gesetz kann Macht segensreich wirken und die Freiheit fördern« (A. Noordegraaf im Evangelischen Lexikon für Theologie und Gemeinde, R. Brockhaus Wuppertal 1992). Seinen Willen anderen aufzuerlegen – beim Lesen spüre ich fast den Widerstand, der sich bei manchem Leser regen wird. Denn wer lässt sich schon gern den Willen eines anderen aufladen? Wir haben doch viel mehr den eigenen im Blick. Noordegraaf nennt aber, wie zur Beschwichtigung, die göttlichen Rahmenbedingungen, die Machtmissbrauch verhindern.

»Macht ist das Vermögen von Menschen, andere Menschen zu einem bestimmten Verhalten, Tun oder Nichttun zwangsweise zu veranlassen« (Emil Brunner, Schweizer Theologe, 1889-1966). Zwangsweise? Ja, Brunner formuliert es krass. Man bedient sich der verschiedensten Mittel, um Macht zu bekommen, zu festigen und zu vermehren. Wenn es sein muss, auch auf Kosten anderer. Hier klingt ganz stark der Druck auf andere an.

»Zur Macht als einem menschlichen Phänomen gehören zwei Elemente. Einmal reale Energien, die an der Wirklichkeit der Dinge Veränderungen hervorbringen, ihre Zustände und wechselseitigen Beziehungen bestimmen können. Dazu aber ein Bewusstsein, dass ihrer inne ist. Ein Wille, der Ziele setzt. Ein Vermögen, welches die Kräfte auf dieses Ziel hin in Bewegung bringt« (Romano Guardini, katholischer Theologe und Religionsphilosoph, 1885-1968). Entwarnung – bei Guardini kann man wieder aufatmen! Er erwähnt zwei konstituierende Kräfte, nämlich die Energie und den Willen, der aus den Ressourcen, also den zur Verfügung stehen Möglichkeiten, zielführend etwas macht.

Fremdsprachige Wörterbücher erklären, dass »Macht« vom althochdeutschen »Mugan« abstammt und »Können, Vermögen« bedeutet. Es geht also um »das Vermögen einer Person oder Gruppe, ihre Ziele (auch gegen Widerstände) durchzusetzen. Diese Widerstände können in äußeren Umständen, im Willen Dritter oder in der eigenen Person liegen«.

Im Hebräischen sind es mehrere Wörter, die für uns in »Macht« oder »Allmacht« mitschwingen, so z. B. überlegen sein und herrschen. Aber auch die Substantive Erhabenheit und Hoheit spielen eine Rolle. Im Neuen Testament können dort, wo wir »Macht« übersetzen, durchaus Synonyme wie Stärke, Herrschaft, Vermögen und Kraft gewählt werden. An manchen Stellen auch das Wort »Thron«, das in sich bildhaft schon Macht repräsentiert.

In ihrem Buch: »Die Machtfalle – Machtmenschen in der Gemeinde« (Brunnen, Gießen 2001) bieten Volker und Martina Kessler Erklärungen zu Machtmenschen, die über die gerade betrachteten allgemeinen Definitionen hinausgehen. Um das nachvollziehen zu können, brauchen wir den biblischen Ausgangspunkt, in diesem Fall 3. Johannes 9 und 10. Es geht um einen Mann namens Diotrephes:

»Ich habe der Gemeinde einen Brief geschrieben. Aber Diotrephes, der sich für den Wichtigsten hält, verweigert die Annahme und verhindert, dass er vorgelesen wird. Wenn ich komme, werde ich ihm alles vorhalten, was er getan hat. Er lügt und erzählt unglaubliche Dinge über uns. Aber das ist noch nicht alles. Er nimmt die durchreisenden Brüder nicht auf! Und wenn andere sie aufnehmen wollen, verbietet er es ihnen und schließt sie aus der Gemeinde aus« *(Gute Nachricht Bibel).*

Allein bei Diotrephes lassen sich laut Kesslers folgende
Merkmale beobachten. Der Machtmensch

– will alleine herrschen,
– nimmt keine Kritik an,
– verleumdet seine Kritiker,
– greift zu immer stärkeren Mitteln,
– bildet Allianzen, polarisiert und
– übt »Gemeindezucht« gegen seine Feinde.

> *Ob Sie an dieser Stelle das Lesen unterbrechen und die Brücke in Ihr Leben und Ihre Beziehungen schlagen?*

Bevor ich Sie gleich einlade, über Beziehungen nachzudenken, die Ihnen Not machen, weil Machtmenschen am Werk sind, erwähne ich noch die acht Taktiken von Machtmenschen, ebenfalls nach Volker und Martina Kessler:

– Selektive Wahrnehmung, der Machtmensch vergisst z. B. Absprachen
– Ablenken, um sich keine Blöße zu geben
– Sich rechtfertigen und die Schuld auf andere schieben
– Versteckte oder offene Einschüchterung
– Auslösen von Schuldgefühlen
– Die Opferrolle spielen
– Herunterspielen oder Leugnen von Tatsachen
– Lügen und Vortäuschen falscher Tatsachen

Ob Sie an dieser Stelle das Lesen unterbrechen und die Brücke in Ihr Leben und Ihre Beziehungen schlagen? Wo erleben Sie Machtmenschen in der bisher beschriebenen Weise? Wie haben Sie darauf reagiert?

4. Wo beginnt Machtmissbrauch?

In einigen Berufszweigen haben Machtmenschen gute Bedingungen, um andere auszunutzen: In der Politik, im Vollzugswesen, in Religionsgemeinschaften, aber auch im Umfeld von Menschen, die die Leiter ins Topmanagement erklommen haben, sodass andere ihnen mit Ehrfurcht und Stolz begegnen und sich nach einem Handschlag, so wird geflachst, drei Wochen lang nicht die Hände waschen ...

Wir sprechen von Missbrauch, wenn Macht nicht Mittel zum Zweck der Allgemeinheit, sondern Selbstzweck ist. Der Machtmensch setzt seine Möglichkeiten ziellos ein und hat seine Freude daran, andere nach seiner Pfeife tanzen zu lassen. Missbrauchte Macht manipuliert und beutet aus. Wissen Sie, wie alltäglich Manipulation ist? Immer wieder versuchen wir, anderen Menschen unsere Meinung aufzudrücken:

»Du hast doch auch keine Lust, bei dem Wetter noch raus zu gehen, oder?« Das ist mehr als eine Frage. Es ist ein Signal: »Ich habe keine Lust, du doch bitte auch nicht!«

»Fandest du seinen Beitrag nicht auch arg daneben?« Hier sucht jemand eine Bestätigung für seine Kritik. Neutraler hätte die Frage gelautet: »Wie fandest du denn seinen Beitrag?«

»Mann, Rot steht dir wirklich nicht. Nimm lieber wieder das graue Hemd!« Welcher Mann ist Manns genug, dann noch mit Freude das knallrote Hemd zu tragen?

»Wir sind doch wohl alle der Meinung, dass man so nicht vorgehen kann, oder?« Eine rhetorische Frage samt Meinungsmache. Mancher mag vielleicht noch widersprechen, viele trauen sich das dann nicht mehr, um nicht als Außenseiter zu gelten. Übrigens wird Manipulation oft in Verallgemeinerungen verpackt: »Wir Deutschen ...«, »Uns Christen ist doch wichtig ...«, »Alte Leute mögen nun mal ...«.

Theologisch nennen wir Manipulation auch »Versuchung« und treffen damit das Problem des Beeinflussten. Er ist versucht, die ihm trickreich übergestülpte Meinung zu übernehmen. Im Paradies begann alles. »He, ihr lebt hier ja wie im Paradies«, schmeichelte die Schlange den ersten Menschen. »Alles toll, fast perfekt. Aber eben nur fast. Seid ihr wirklich damit zufrieden, dass der Schöpfer euch ein Verbot auferlegt hat? Psst, ich sag euch was: Er hat geblufft! Oder glaubt ihr etwa wirklich, dass er sauer ist, wenn ihr an diesen einen Baum rangeht? Probierts mal aus, und ich sage euch: Ihr werdet sein wie Gott. He, das ist doch das kleine Restrisiko wert. Ich an eurer Stelle würde nicht lange zögern. Es ist gerade ohnehin niemand zu sehen ...«

Einem Machtmenschen ist neben der Manipulation auch jedes andere Mittel recht, denn es geht ihm in erster Linie um die Durchsetzung seiner Ziele. Seine Mittel stehen nicht etwa im Dienste des Gemeinwohls. Der Mitmensch ist nur noch Objekt, nicht mehr eine Person, mit der man verantwortlich umgeht. Der Theologe Helmut Thielecke erklärte: »Verantwortete Macht hat als Gegenüber den freien Partner. Die Tyrannei hat als Gegenüber den Sklaven.«

Wenden wir uns nun drei extremen Auswirkungen missbrauchter Macht zu, bevor wir unser Augenmerk dann auf Besonderheiten innerhalb der christlichen Gemeinde richten. Beachten Sie, wie sich die Taktik wiederholt, Schuldgefühle bei anderen auszulösen.

Mobbing: altes Problem mit neuem Namen

Rufmord, Psychoterror, Partisanentaktik, subtile Kriegsführung – so wird Mobbing in manchen Schlagzeilen beschrieben. Ist das übertrieben? Modethemen werden oft überstrapaziert. Der Begriff Mobbing ist noch relativ neu, das Interesse gestiegen, die Forschung intensiviert, und es wird mit härteren Bandagen gekämpft. Aber die Sache an sich ist sehr alt.

Mob (englisch) ist der Pöbel. »Der Mob tobt«, sagt man und meint eine randalierende Gruppe. Angst macht sich breit. Mobbing ängstigt auch. Insofern passt das Wort »Psychoterror« durchaus.

Um Mobbing von gelegentlicher Schikane abzugrenzen, gibt es fünf Anhaltspunkte:

– Die Probleme treten mindestens einmal in der Woche auf.
– Die Attacken sind geplant und nicht zufällig,
– sie dauern mehrere Monate an.
– Das Opfer hat kaum Möglichkeiten, Einfluss zu nehmen.
– Mobbing richtet sich gezielt gegen eine Person oder eine Gruppe.

Diese Abgrenzung schließt gelegentliche Spannungen aus, die es von Zeit zu Zeit überall gibt. Auch ein allgemein schlechtes »Betriebsklima« ist nicht Mobbing.

Wie wird gemobbt? Wer einen anderen fertig machen will, greift in die prall gefüllte Trickkiste. Eine Variante sind Verleumdungen, Unterstellungen und Drohungen. Ausgrenzen, jemanden auslachen, wichtige Informationen gezielt zurückhalten. Einseitige und andauernd negative Kritik, die die Persönlichkeit herabsetzt, sind eine andere »Spielart«. So werden Menschen böswillig und systematisch in die Enge getrieben.

Allein in Deutschland schätzt man die Anzahl der Opfer auf 1,5 Millionen Menschen. Weil Mobbing oft subtil geschieht – also massiv und doch nicht recht greifbar oder gar beweisbar –, kann ein Opfer kaum dagegen angehen. Außerdem hat mancher Angst, dass alles noch schlimmer wird.

Mobbing kann tiefe Spuren hinterlassen. Ärger und Kränkungen sind vielfältig, ihre Auswirkungen reichen von Schlafstörungen über Depressionen, Ängste und Minderwertigkeitskomplexe bis hin zum Selbstmord. Dabei wird nicht nur der

Gemobbte geschädigt, sondern auch Menschen in seinem direkten Umfeld, etwa die Familie. Schließlich hat auch der Betrieb Nachteile durch krankheitsbedingten Arbeitsausfall. Betroffene Menschen fallen oft für Monate aus, was gesamtwirtschaftlich zu Schäden in Millionenhöhe führt. So schwer wiegen die Folgen der auslösenden Faktoren Neid, Bosheit, Hinterlist, Egoismus, Macht- und Besitzstreben.

Es liegt auf der Hand, dass Betroffene kompetente Unterstützung brauchen. Helfen können Ärzte oder Therapeuten, aber auch Seelsorger oder Mobbing-Beratungsstellen von Gewerkschaften oder Kirchen. Wichtig ist, die Situation als Unrecht zu erkennen und sich einem Außenstehenden anzuvertrauen, damit man nicht mehr länger »mitspielt«.

Die Hölle auf Erden

Psychische Gewalt hat mit Liebesentzug zu tun, mit Verweigerung notwendiger Zuwendung und Kommunikation, mit Beschimpfungen und der Abwertung eines Menschen, mit Zerstörung des Selbstvertrauens und seelischem Druck, der Angst erzeugt.

Sexuelle Gewalt sei an dieser Stelle als eine besonders schwere Form psychischer und zugleich physischer Gewalt genannt. Dabei sind die körperlichen Folgen sexueller Gewalt mit dem sichtbaren Teil eines Eisberges zu vergleichen: Nur ein Siebtel ist zu sehen, der größte Teil ist unter der Wasseroberfläche verborgen. Der größte Schaden entsteht also in der Seele des Menschen. Selbst wenn die Spuren am Körper längst verschwunden sind, kann die seelische Last eine Hypothek fürs ganze Leben sein. Warum ist das so? Weil die Täter ihren Opfern einreden, schuld zu sein. Oder weil Sexualität nach einer erlittenen Gewaltanwendung so angstbesetzt und durch und durch negativ belastet ist, dass ein erfülltes Eheleben schier unmöglich ist. Auch die Übertragung vom Täter auf andere Menschen stellt ein großes Problem dar. Wer zum Beispiel einen Mann oder eine Frau als dominant und aggressiv erlebt hat, entwickelt auch vor anderen Männern und Frauen Ängste.

Doch sexuelle Gewalt ist nicht erst ein vollzogener Geschlechtsverkehr. Die Grenze verläuft bereits viel früher, dann nämlich, wenn jemand einen anderen Menschen zur eigenen sexuellen Befriedigung missbraucht. Dies ist etwa dann der Fall, wenn ein Kind genötigt wird, mit einem Älteren oder Stärkeren pornographische Bilder zu betrachten, selbst wenn keine sexuellen Handlungen am Kind vorgenommen werden. Schließlich gipfelt das Ganze in extremen sexuellen Übergriffen mit massiven Drohungen, damit das Opfer auf jeden Fall schweigt und die Tat nicht ans Licht kommt. Drohungen sind nicht nur direkte Nachteile für das Opfer, sondern können auch Familienmitglieder oder ein Haustier einbeziehen. Oder den Täter selbst: »Wenn du den Mund aufmachst, verliere ich meinen Beruf, kann ich in der Gemeinde nicht mehr mitarbeiten ...« Gekoppelt mit der oft vorhandenen Zuneigung des Opfers zum Täter funktioniert das. Die Übertragung der Schuldgefühle beginnt.

Wenn Machtmissbrauch dieses extreme Verhalten annimmt, haben wir es längst mit einer kriminellen Handlung zu tun. Dann geht es darum, das Opfer rasch zu schützen, neue oder noch aggressivere Gewalt zu unterbinden, weitere Menschen im Umfeld des Täters vor vergleichbaren Übergriffen zu bewahren und den Täter zur Verantwortung zu ziehen. Völlig falsch wäre es, dem Schutz des Täters oder zum Beispiel dem Ruf einer Kirchengemeinde mehr Aufmerksamkeit zu schenken als dem Schutz von Opfern. Hier wurde aus Angst, dass Dinge an die Öffentlichkeit gelangen, in der Vergangenheit viel versäumt. Eine christliche Gemeinde wird nicht dadurch glaubwürdig, dass sie möglichst lange alles vertuscht, bis es doch ans Licht kommt, sondern indem sie Fehlverhalten konsequent benennt und alles tut, um weiteren Missbrauch zu verhindern. Der Versuch, die peinliche Situation auf die Schnelle via mehr oder weniger erzwungener »Vergebung« aus der Welt zu schaffen, ist ebenso zum Scheitern verurteilt: Zum einen muss wirklicher Vergebung einiges an Klärung vorausgehen. Zum anderen wird auch dadurch das Opfer unter Zugzwang gesetzt und der Täter ist fein raus. Solche »Vergebung« wird in der Regel zum erzwungenen Lippenbekenntnis, bei dem die Seele des Opfers hinterherhinkt.

Eine besondere Gefahr in christlichen Gruppen ist sicherlich die Tatsache, dass Sexualität tabuisiert wurde. Man kann also kaum darüber reden, weil einem schlicht die Worte fehlen; die Umgangssprache ist natürlich verpönt. Sexualität ist ein intimes, verschämtes Thema. Also verliert man kein Wort darüber. Sexualität kommt als Thema in Gemeinden eigentlich nicht vor. Und zuletzt eröffnet eine gewisse Hörigkeit geistlichen Amtsträgern gegenüber dem Täter alle Möglichkeiten, seine Macht zu missbrauchen und sogar Gott selbst zu seinem Vorteil einzusetzen. Dadurch bekommt sexuelle Gewalt eine weitere tiefe Dimension. Die Zeiten sind vorbei, in denen wir so tun konnten, als ginge uns Christen das alles nichts an und als käme es bei uns nicht zu solchen schrecklichen Taten: Es hat sie auch in Kirchen schon immer gegeben, aber durch das Verschweigen und einen hilflosen Umgang damit wurde die Not noch größer.

Raus oder Graus? Das ist hier die Frage

Wer mutig Probleme anspricht, wird leider oft als Nestbeschmutzer betrachtet oder ausgegrenzt. In keinem anderen Bereich ist Offenheit, Einsicht und Aufarbeitung so schwer wie im geistlichen Bereich. Das hängt damit zusammen, dass man die höchste Autorität, Gott selbst, ganz für sich und seine eigenen Belange in Anspruch nimmt. Oder es zumindest versucht. Und natürlich entziehen sich geistliche Dinge vielfach einer Überprüfung durch andere.

Wer ein Problem anspricht, wird selber zum Problem erklärt und bekommt das zu spüren – man wird gemobbt. Das kann bedeuten, dass eine Auseinandersetzung sich verschärft und ausweitet. Was bisher vielleicht ausschließlich Fragen von Lehre und Verständnis betrifft, kann plötzlich massiven Druck durch Funktionsträger nach sich ziehen. Oder durch Machtmenschen, die zwar nicht in Verantwortung stehen, sich aber ungern hinterfragen lassen, weil sie Angst haben, Fehler eingestehen zu müssen oder ihr Lehrgebäude oder Lebenskonzept bedroht sehen.

Was ist mit denen, die nicht den Mut und die Kraft haben, bestimmte Lehraussagen als ungesund zu entlarven? Sind sie bereits so eingeschüchtert, dass sie sich nur noch fügen und ihre Meinung zurückhalten? Sie fühlen sich denen, die geistlich dominieren, ohnehin unterlegen bzw. haben Angst vor den anderen. Und natürlich möchten sie niemandem weh tun: Irgendwie hat man sich doch lieb, braucht sich und hält zusammen. Vielleicht ist auch das Bild von Gott inzwischen verzerrt und es fällt schwer, ihm zu vertrauen – weil man Gott fälschlicherweise mit Menschen und ihrem Verhalten vergleicht. Und schließlich reicht auch das Selbstvertrauen nicht aus, wenn es gestutzt wurde wie eine moderne Kurzschnittfrisur.

Dies sind mögliche, aber für Betroffene sehr wahrscheinliche Verhaltens- und Denkmuster. Sie führen dazu, dass Menschen nur schwer einen Ausweg finden und die eigene Gemeinde bzw. einzelne Geschwister mit ihrem Lehrgebäude nicht hinterfragen. Raus oder Graus? Die Entscheidung darüber kann auf beiden Seiten fallen. Wer Opfer ist, kann gehen, wenn er noch kann. Ist das durch die Einschüchterungen und Schuldzuweisungen anderer nicht mehr möglich, so haben sie entschieden, dass er bleiben muss. Das Machtgebaren geht dann weiter. Oder – das wäre das andere Extrem – man wirft den kritisierenden Nestbeschmutzer hinaus, um sich endlich wieder ungestört seinen Machtgelüsten hingeben zu können. Zurück bleiben die Linientreuen, Unmündigen, Eingeschüchterten, über die man weiter herrschen kann.

5. Ekklesia – wenn Frömmigkeit und Macht sich treffen

Diese Mischung kann eine brisante Ladung werden. Ein Blick in die Kirchengeschichte offenbart erschreckende Formen von Machtmissbrauch bei anvertrauter oder angemaßter Macht. Extreme Stichworte wie Ketzerverfolgungen und Hexenverbrennungen erschrecken uns, aber auch gewaltsame Buße und Bekehrungen hat es gegeben. Es gibt sie übrigens heute noch, auch in anderen Religionen. Machtmissbrauch setzt sich dann subtil fort über die Kanzel bis ins Gemeindebüro.

Heiteres Beruferaten

In jeder Gemeinde gibt es nicht nur den Redner auf der Kanzel und die Mitarbeiterin im Gemeindebüro, sondern Menschen aus verschiedenen Berufen, vom Bäcker über den Tankwart bis zur Lehrerin, vom Studenten über die Hausfrau bis zum Fließbandarbeiter, der neben dem Fernfahrer sitzt. Lösen wir uns einmal von den realen Berufen und denken im übertragenen Sinn weiter:

Betrachten Sie Ihre Gemeinde oder Kleingruppe einmal im übertragenen Sinn unter dem Aspekt verschiedener beruflicher Merkmale. Sicher fallen Ihnen weitere Berufe ein ...

– Der Musiker will die erste Geige spielen und drängt sich bei jeder Gelegenheit in den Vordergrund.
– Mancher Nichttheologe nimmt die Rolle eines Theologen ein, denn er hat für alles eine biblische Antwort.
– Ein anderer ist der Oppositionsführer: er ist immer zuerst gegen alles.
– Haben Sie auch Anstreicher? Sobald ein Problem zum Vorschein kommt, wollen sie es übertünchen.

- Ich entdecke Putzfrauen, die sich für jeden Mist verantwortlich fühlen oder sich für unwürdig erachten und immer im Hintergrund bleiben.
- In vielen Teams gibt es Supervisoren, die kritisch beobachten und kommentieren.
- Da sind Ärzte, die umherziehen und Wunden verbinden.
- Wieder andere betätigen sich als Journalisten: Sie verbreiten schnell jede Nachricht, nachdem sie sie redaktionell bearbeitet haben.
- Der Finanzminister denkt immer nur ans Geld. Damit meine ich nicht den Kassenwart!
- Managertypen sind schnelle Entscheidungen gewohnt. Andere sind dadurch gestresst.
- Den Archäologen ist alles Alte heilig. Tradition geht ihnen über alles.
- Und dann ist da noch der Chef, der sagt, wo es langgeht. So wie einst Henry Ford zu seinen Mitarbeitern sagte: »Von mir wird jede Farbe akzeptiert, solange sie schwarz ist.«

Typisch Gemeinde? Natürlich gilt das meiste davon für jede andere Gruppe. Es geht um die Rollen,
- die wir einnehmen und spielen,
- die selbst gewählt oder vorgegeben sind,
- an denen wir aktiv beteiligt sind oder passiv Betroffene (indem wir etwas mit uns machen lassen),
- und die starr oder flexibel sind.

Betrachten Sie Ihre Gemeinde oder Kleingruppe einmal im übertragenen Sinn unter dem Aspekt verschiedener beruflicher Merkmale. Sicher fallen Ihnen weitere Berufe ein ...

Nährboden für Machtmenschen

Volker und Martina Kessler nennen in ihrem Buch: »Die Machtfalle« Gründe, warum Machtmenschen in christlichen Gemeinden gute Voraussetzungen finden, ihre Machtgelüste auszuleben:
- Viele leben in der Illusion, Machtmissbrauch gäbe es in Gemeinden gar nicht. Und was es nicht geben darf, das wird auch nicht wahrgenommen.
- Falsch verstandene Demut spielt Machtmenschen in die Hände. Man denkt, der andere habe doch nicht die bösen Absichten, die man zu bemerken meinte.
- Es gibt in christlichen Gemeinschaften oft ein übertriebenes Harmoniebedürfnis; Probleme werden nicht offen angesprochen. Hier können Machtmenschen sich austoben.
- Häufig sind die Leitungsstrukturen unklar. Das ist die Chance für Machtmenschen. Abneigung gegen Ordnungen ist das Einfallstor für ungebändigte Macht. Eine christliche Gemeinde darf von daher auch kein rechtsfreier Raum sein.
- Es ist leicht, sich auf geistliche Autorität zu berufen. Das macht es noch schwerer, sie infrage zu stellen.
- Christliche Gemeinden sind auch ein Auffangbecken für wenig gefestigte Persönlichkeiten. Solche Personen ordnen sich gerne dem Starken oder vermeintlich Starken unter und begünstigen so den Machtmissbrauch.

Ich ergänze an dieser Stelle einen Aspekt, der uns in der biblisch-theologischen Reflexion weiter beschäftigen wird: Fromme Menschen verstecken ihr Machtgebaren oftmals unter dem Deckmantel des Dienens und setzen sich dann noch den Hut falscher Demut auf.

Wenn Tradition in die Knie zwingt

Tradition ist etwas Schönes und Wichtiges. Wir müssen wissen woher wir kommen, wo und was unsere Wurzeln sind. Wir können und sollten aus der Vergangenheit lernen. Aber wenn das Traditionsbewusstsein der »Ureinwohner« alles andere und alle anderen ausgrenzt, wird Gemeindeleben erstickt. Eine Gemeinde, in der Traditionen durch Machtmenschen über Visionen für die Zukunft gestellt werden, wird viele Goldene Hochzeiten feiern, aber bald auch die eigene Beerdigung. Denn, das sagte schon Altbundespräsident Gustav Heinemann: »Wer nichts verändern will, wird auch das verlieren, was er bewahren will.«

Eine Gemeinde, in der Traditionen über Visionen für die Zukunft gestellt werden, wird viele Goldene Hochzeiten feiern, aber bald auch die eigene Beerdigung.

Diesen Kampf gegen »treue Hörer«, die mit Unverständnis oder sogar geistlichen Vorwürfen reagieren, wenn die Sendeformen und vor allem die Musik im Programm des ERF sich im Laufe der Zeit verändern, führen wir in Wetzlar fast täglich. Wir suchen Kompromisse, versuchen zu verbinden und Verständnis für missionarische Arbeit und die junge Generation zu wecken. Aber uns ist klar: Wenn wir grundsätzlich nachgeben, haben wir aufgegeben. Dann hat uns die Tradition in die Knie gezwungen.

Dann doch lieber auf die Knie, um zu beten. Denn es kommt doch darauf an, dass wir Wasserträger für Menschen sind, die Jesus, das Wasser des Lebens, noch nicht kennen. Wenn wir ihnen stattdessen das Wasser abgraben, wie können wir dann noch glaubhaft von der Liebe Jesu reden? Wie können wir Menschen, die ohne Jesus Christus verloren sind, dann noch in die Augen sehen? Traditionalismus ist purer Egoismus. Ein Problem, unter dem alte Gemeinden zu leiden haben. Auf Machtmenschen, die Tradition und das Gewohnte (also sich selbst?) über alles stellen, trifft das schwedische Sprichwort zu: »Die Macht ist süß, aber sie hat Gift im Zucker.«

Nachfolge ist Bewegung nach vorne, denn: »Wir können das Leben nur rückwärts verstehen, leben aber müssen wir es vorwärts«, so der dänische Philosoph Sören Kierkegaard (1813-1855). Jesus antwortete auf verschiedene Ausreden, warum die Menschen ihm nicht sofort folgen wollten: »Lass die Toten ihre Toten begraben; du aber geh hin und verkündige das Reich Gottes«. Der eine Mann wollte doch nur seinem Vater die letzte Ehre erweisen und ihn begraben, der andere wollte sich daheim verabschieden. Verständliche Gründe, wie ich finde. Für Jesus war es dennoch Aufschub der wichtigsten Sache. Sein Auftrag, »das Reich Gottes zu verkündigen«, hat absoluten Vorrang, denn die Zeit läuft. Nach hinten sehen, Tod und Abschied, sind die falsche Blickrichtung. Jesus orientiert seine Boten nach vorne, zum Leben, zum ewigen Ziel. Darum sagt er: »Wer seine Hand an den Pflug legt und sieht zurück, der ist nicht geschickt für das Reich Gottes« (Lukas 9,60.62).

Für eine Gemeinde kann das bedeuten, alte Zöpfe abzuschneiden. Denn was ist wichtiger: die mühsame Pflege eines alten Posaunenchores, der drei Mal im Jahr auftritt, oder Zeit, Kraft und Geld in missionarische Jugendarbeit zu stecken? Was ist wichtiger? An die Vergangenheit gebunden zu sein, fesselt und blockiert für die Gegenwart und die Zukunft. Ich habe einige Male miterlebt, dass es fast unmöglich war, eine traditionsreiche aber nicht mehr aktuelle Arbeit zu beenden. Man warb um Sänger für einen Chor, den eigentlich niemand mehr hören wollte. Bei aller Wertschätzung für Tradition: In der Tradition liegt nicht die Zukunft einer Gemeinde! Und in der reinen Bestandspflege auch nicht, denn Stillstand ist Rückschritt.

Machtfaktoren und Gottesbild

Ein Dorfpfarrer ließ das alte, verwitterte und Risse aufweisende Kruzifix durch ein schönes, neu geschnitztes ersetzen. Er wunderte sich aber, dass seine Kirchenbesucher vor dem neuen viel seltener stehen blieben und ein kurzes Gebet sprachen. Eines Tages fragte er mutig, warum sie dem neuen Standbild so wenig Ehre erwiesen. »Ach wissen Sie, Herr Pfarrer, den neuen Herrgott haben wir ja noch als Kirschbaum gekannt.«

Viele Menschen machen sich kaum Gedanken darüber, wie ihre Vorstellung von Gott geprägt wurde und dass dies auch »menschlich machtvoll« und nicht nur »göttlich-vollmächtig« geschieht. Denn es sind nicht nur die Bibel oder Gottes Geist, die ihre Spuren in unserer geistlichen Prägung und Vorstellung von Gott hinterlassen.

Gott selbst redet in bildhafter Sprache von sich. Im Alten Testament wird er als Burg oder Fels bezeichnet, im Neuen Testament ist es Jesus Christus, der von sich als Hirte oder Tür zum Leben, als Brot oder Wasser des Lebens redet. Gott kommt unserer Vorstellungskraft damit entgegen. Wir denken nämlich bildhaft. So funktioniert das Erinnerungsvermögen von Gedächtniskünstlern, die sich innerhalb weniger Minuten zahlreiche Gegenstände oder Begriffe merken können, auch über die bildhafte Vorstellung. Sie bauen sich so genannte Eselsbrücken.

Worte sind wie leere Gefäße. Im Laufe des Lebens speichert unser Gehirn ab, was wir mit einem Begriff erlebt haben. Wer vom Hund gebissen wurde, speichert Angst ab und hält sich vorsichtig zurück. Wer als Kind auf die heiße Herdplatte gefasst hat, hat »begriffen«, warum die Eltern immer zur Vorsicht gemahnt haben, und weiß nun: Der Herd ist heiß und das tut weh. Wer bei seinen Eltern Vertrauen lernen konnte, kann sich später auf eine eigene Familie freuen. So sind alle Worte verknüpft. Das Wort Urlaub ruft andere Assoziationen hervor als das Wort Schule. Und Schokolade haben wir anders erfahren als Sauerkraut.

Auch das Wort »Gott« ist zunächst ein abstrakter Begriff, den wir mit Leben füllen. Nein, hier irrt der Theologe nicht, denn mir kommt es an dieser Stelle nicht darauf an darzustellen, dass Gott sich uns offenbart, dass er selbst die Worthülse mit Leben füllt, sondern was wir in diesen abstrakten Begriff »Gott« alles hineingepackt haben. Was jeder von uns unter Gott versteht, ist zu einem großen Teil biographisch geprägt. Darum geht es hier.

Was jeder von uns unter Gott versteht, ist zu einem großen Teil biographisch geprägt.

In der Gottesvorstellung schwingt mit, wenn wir einen strengen christlichen Papa hatten, der uns gestraft hat. Denn er ist unser Vater. Der gleiche Begriff, der uns durch Jesus in Bezug auf Gott vertraut gemacht wurde, ist also von Kind an bereits mit vielen »menschlichen« Erfahrungen gefüllt. Vater hatte nie Zeit für mich – sollte das bei Gott, dem himmlischen Vater, anders sein? Ich konnte meinem Vater nie etwas recht machen, sagt ein anderer. Auch für ihn ist der Begriff negativ vorbelastet. Hier kommt die Macht von Menschen ins Spiel. Ungewollt haben sie eine ungünstige Ausgangsbasis für Glauben und Vertrauen hergestellt.

Machtfaktoren und Gottesbild: Gerade wenn jemand eine geistliche Leitungsfunktion übernimmt, wird der Zusammenhang unübersehbar, denn viele Menschen messen Gott daran, wie sich sein »Bodenpersonal« verhält. Noch heute ist immer wieder zu hören, dass man nicht an einen Gott glauben kann, in dessen Namen die grausamen Kreuzzüge des Mittelalters durchgeführt wurden. Wer führte die Kreuzzüge?

Apropos Bodenpersonal: Christen sind immer Vorbild. Das gilt für Eltern ebenso wie für Gemeindemitarbeiter. Wir können uns gar nicht aussuchen, ob wir Vorbild sind. Wir sind es. Die Frage ist allerdings, ob wir ein gutes oder ein weniger gutes Vorbild sind. Erwachsene prägen durch ihre Art, also durch Wort und Tat, wie die nachwachsende Generation sich zu Gott verhält. Ob Gott nur als Lückenbüßer in der Erziehung eingesetzt oder nur im äußersten Notfall zu Rate gezogen wurde, das hinterlässt Spuren, die sich wie Autospuren in weichem Boden tief eingraben. Es ist gar nicht so leicht, da wieder herauszukommen.

»Vom Wagnis, zu predigen« ist an anderer Stelle noch die Rede. Mit dem Anspruch aufzutreten, das Wort Gottes auszulegen und in seinem Auftrag zu reden, enthält ein hohes Maß an Manipulationsrisiken. Wenn man sich nicht der »Kontrolle« durch den Heiligen Geist und mündige Christen stellt, vermischen sich die eigenen theologischen Steckenpferde schnell mit dem wahren Wort Gottes. Aussagen wie: »Jesus beantwortet alle deine Fragen«, »er will alle Kranken heilen«, »komm zu Gott und alles wird gut« sind missverständlich oder sogar biblisch unhaltbar. Vieles wird dann durch einzelne Verse belegt, obwohl der Gesamtzusammenhang der Bibel eine andere Sprache spricht.

Machtfaktoren und Gottesbild. Dabei dürfen wir die Macht der Medien»macher« ebenso wenig unterschätzen wie den Einfluss von Freunden und Lehrern. Auch sie tragen ihren Teil dazu bei, dass sich in unserem Kopf viele Assoziationen über Gott festsetzen, die es ihm schwer machen, unser Herz zu gewinnen.

Bedenkenswert ist aber die Tatsache, dass unser so genanntes Gottesbild Veränderungen unterworfen ist. Es ist nicht ein für allemal festgeschrieben. Denn unsere Vorstellung von Gott und wie wir ihm begegnen verändert sich je nach Situation und augenblicklicher Gefühlslage. Darin liegt (s)eine Chance.

Machtgerangel auf höherem Niveau

Wie hieß es in einer Definition über Macht? »... seinen Willen zur Realisierung von Zielen anderen aufzuerlegen«. Mir war bald klar, dass wir dieses »Spielchen« manchmal auch mit Gott treiben. Machthunger auf höherem Niveau sozusagen. Wir sagen Gott, was wir wollen. Wir denken, planen und handeln, und danach erwarten wir, dass er seinen Segen dazu gibt, quasi als Sahnehäubchen obendrauf. Ist in diesem Zusammenhang nicht manches Gebet kaum mehr als eine Beruhigung unseres Gewissens, wenn wir mit den Worten schließen »im Namen Jesu«? Bleiben wir bitte ehrlich: Viele solcher Gebete sind im eigenen Namen gesprochen. Dahinter steht *unser* Wille, der uns vorantreibt, um *unsere* Ziele zu erreichen.

Viele Bitten an Gott sind verkappte Befehle. Sie sind also nicht auf Anhieb als Befehle erkennbar. Natürlich sollen weder Gott noch die Glaubensgeschwister mitbekommen, dass wir Gott im Grunde vorschreiben, was er, bitteschön, zu tun hat. Für viele ist klar: Er hat zu heilen. Er ist verpflichtet zu segnen. Er muss uns doch Gutes tun. Muss er? Oder bringen wir da in unserer *Theo*logie, der Lehre von Gott, einiges durcheinander, weil wir diese Lehre zu »unserer« gemacht haben?

Unser Versuch, Gott zu beeinflussen, zeigt sich vielleicht in unserer Einstellung zur Anbetung: »Wenn wir gleich einige Lieder hintereinander singen, die Strophen noch dazu mehrmals wiederholen, dann muss Gott doch zufrieden mit uns sein. Das muss unseren Bitten doch Nachdruck verleihen!« Aber Anbetung geschieht primär in der Lebenshaltung des Einzelnen im Alltag. Anbetung »macht« man nicht in 20 Minuten.

Es liegt uns Menschen eher fern, selbstlos zu handeln. Darum kann auch unser Dienst zu einem Machtmittel werden. Wir versuchen, Gott damit zu erpressen: »Ich habe so viel

Zeit in die Gemeinde investiert, so viel Ärger in Kauf genommen. So viel ... und was kriege ich dafür?« So viel Treue, obwohl andere gegangen sind. Auch das müsste doch eigentlich ins Gewicht fallen, oder? Täglich »Stille Zeit« und Sonntag für Sonntag in der Gemeinde. Zählt das denn gar nicht?

Zur Zeit kommt das Geld hinzu: »Das muss Gott doch honorieren und irgendwie auf meinem Himmelskonto verbuchen.« Laut sagt das niemand. Aber tief drinnen, was regt sich da?

Wenn durch Not und Leid mal wieder die bekannte »Warum«-Frage gestellt und Gott auf die Anklagebank gezerrt wird, ist auch das ein Versuch, Macht über Gott auszuüben. Wir glauben doch oft viel besser zu wissen, was gut gewesen wäre. Hätte er uns gefragt, wäre dieser Mensch nicht krank geworden und jener nicht gestorben, hätte das Geld gereicht und wäre eine Naturkatastrophe nicht geschehen. Wenn es nach uns gegangen wäre, hätte jeder Christ einen Job und wäre unser Kind nicht sitzen geblieben. Besserwisserei bedeutet, dass wir uns über Gott stellen, weil wir vielfach nicht aushalten können, was wir nicht verstehen.

Aber prüfen Sie bitte selbstkritisch, ob die genannten Verhaltensmuster manchmal auch auf Sie zutreffen.

Es würde mich nicht wundern, wenn dieser Abschnitt Sie nun ärgert. Schließlich geht es hier um das Zentrum eines Glaubenden, nämlich um seine Gottesbeziehung, die er oder sie bisher für okay gehalten hat. Aber prüfen Sie bitte selbstkritisch, ob die genannten Verhaltensmuster manchmal auch auf Sie zutreffen.

6. Die Diktatur der Frommen

Die Macht der Lehre

Setzen wir den Gedankengang über Machtfaktoren und Gottesbild konkret fort. Missstände im Zusammenhang mit der Macht der Lehre zu nennen ist schwierig. Es besteht die Gefahr, zu richten und Glaubensgeschwistern weh zu tun und andererseits geistliche Missstände zu verharmlosen und zu verschweigen. Beides will ich nicht tun.

Man hatte Streit miteinander. Es wurde um Lösungen gemeindlicher Probleme gerungen. Gebetet wurde auf beiden Seiten. Jeder nahm für sich in Anspruch, Recht zu haben. Aber einige untermauerten ihre subjektive Position mit höchster Autorität: »Wir tun nur, was der Herr will«, so war zu hören. Oder man nahm für sich Exklusivrechte in Anspruch, wenn es um Fragen des Bibelverständnisses ging. Dahinter steckte sicherlich eine tiefe Ehrfurcht vor Gott. Das soll nicht infrage gestellt werden. Aber diese Äußerungen wurden für andere immer wieder zum K. o.-Schlag. Denn damit nahm man ihnen alle Argumente. Was soll jemand auch entgegnen, wenn doch scheinbar klar ist, dass die anderen, die Streitpartner, Gottes Willen erkannt haben und nur tun, was die Bibel sagt? Unausgesprochen wurde damit auch die Gotteserkenntnis der Konfliktpartner und ihr Gehorsam Gott gegenüber abgewertet.

Die Aufwertung der eigenen Person und Glaubensstärke enthält die Abwertung der anderen, die sich dieses Maß an Frömmigkeit nicht zusprechen. Die Folge können Schuldgefühle sein, weil man sich an Menschen und nicht am Wort Gottes gemessen hat. Dies ist übrigens ein Schlüsselproblem: Menschen stehen im Mittelpunkt, auch im Mittelpunkt der angeblich biblischen Lehre. Und doch bedient man sich »heiliger Mittel«, um seine persönliche Erkenntnis zu untermauern.

Diktatur der Frommen?! Dahinter stehen ein Fragezeichen und ein Ausrufezeichen. Denn wir müssen sorgfältig prüfen, wie sich diktatorisches Verhalten von guter Autorität in einem geistlichen Amt unterscheidet und wo sich die vermittelten Glaubensinhalte von gesunder Lehre abheben.

Das Beispiel eben zeigt, wie sich Macht ausdrücken und andere erdrücken kann, ohne eine Funktion und damit eine bestimmte Position innezuhaben. Auf gleicher Ebene, von Christ zu Christ, diktiert einer dem anderen, was zu glauben und zu tun ist – und zwar durch die schlichte wie starre Behauptung, im Sinne Gottes zu handeln. So kann mit einem ursprünglich guten Anliegen, bewusst oder unbewusst, Macht ausgeübt werden: Den Willen Gottes wollen wir Christen ja schließlich alle tun, oder?

David Johnson und Jeff VanVonderen verwenden in ihrem gleichnamigen Buch den Begriff: »Geistlicher Missbrauch« (Geistlicher Missbrauch. Die zerstörende Kraft der frommen Gewalt, Gerth Medien, Asslar 1996). Im säkularen Bereich ist Machtmissbrauch bekannt. Darüber lässt sich gut reden. Aber darf es sein, dass jemand der Gemeinde Jesu den Spiegel vorhält?

Der Pastor und Bürgerrechtler Martin Luther King jr. (1928-1968) sagte: »Wer zum Bösen schweigt, wird ebenso schuldig wie der, der es tut.« Das erinnert an die Worte: »Wer die Zeit und die Mittel hat, Gutes zu tun, und es nicht tut, macht sich schuldig« (Jakobus 4,17; *Gute Nachricht Bibel*). Gutes tun ist mehr als einer alten Frau über die Straße zu helfen oder Traktate zu verteilen. Gutes tun schließt ein, Missstände nicht länger zu verschweigen, sondern sie offen anzusprechen, sodass Veränderung geschehen kann und die Gefahr des Machtmissbrauchs abnimmt. Denn wer kämpft, kann verlieren. Wer nicht kämpft, hat schon verloren.

Wenn Lehre und Leben nicht oder nicht mehr zusammenpassen, muss geredet werden, muss manchmal auch gekämpft werden. Denn wenn durch falsche Lehre Menschen in ihrem Glauben verbogen werden, darf man dazu nicht schweigen. Mancher hinterlässt mit seiner frommen Art den Eindruck, unfehlbar zu sein. Gnade haben dann wohl nur die anderen nötig, auf die man schimpft, die man zurechtweist, über die man redet und deren Fehler an die Öffentlichkeit gezerrt werden. Auffallend oft geschieht das bei Fehlverhalten im sexuellen Bereich. Überheblich wird auf andere gezeigt, wie bei der Ehebrecherin, die man zu Jesus zerrt. Aber Jesus verurteilt sie nicht, sondern zieht die anderen zur Verantwortung, indem er sagt: »Wer unter euch ohne Sünde ist, der werfe den ersten Stein auf sie« (Johannes 8,7).

Wer ist auf Gnade angewiesen? Der, der auch als Christ erkennt, dass er die Vergebung Gottes nötig hat. Immer wieder werden wir neu schuldig. Eine Lüge. Schlechtes Reden über andere. Unzuverlässigkeit. Unwahrhaftigkeit bei Geldgeschäften. Egoismus in der Ehe. Unterlassene Hilfeleistung. Neid. Zorn. Maßlosigkeit. Unterdrückung anderer. Das bedeutet nichts anderes, als dass jeder Christ Empfänger und zugleich Bote der göttlichen Gnade ist.

Der Apostel Johannes schreibt dazu: »Wenn wir sagen, wir haben keine Sünde, so betrügen wir uns selbst, und die Wahrheit ist nicht in uns« (1. Johannes 1,8). Das ist ein bekannter Text. Und wahrscheinlich wird auch jeder zustimmend nicken. Aber wir sind sehr zurückhaltend, wenn es darum geht, konkret von Schuld und Sünde in unserem Leben zu sprechen. Dann erweckt man lieber den Eindruck, ein fast perfekter Christ zu sein. Sünder sind scheinbar immer nur die anderen, und die leben ständig im Schatten großer geistlicher Vorbilder. »Mich erschrickt oft die Stärke der Frommen, die scheinbar keine wirklichen Probleme und alles im Griff haben«, sagte mir kürzlich mit weinerlicher Stimme eine junge

Frau. Angesichts solcher Begegnungen fühlte sie sich immer nur als unwürdige Versagerin.

Hinter frommer Fassade steckt aber oft abgrundtiefes Elend und vielfältiges Versagen. Zu Hause oder am Arbeitsplatz, wo es niemand aus der Gemeinde sieht, treibt das Böse Wurzeln. Und in der Gemeinde blüht das Böse oft nur in Gedanken, aber das ist schlimm genug, wie wir bereits gesehen haben.

Wir sind so verloren, dass der Apostel Paulus sagt: »Darin sind alle Menschen gleich: Alle sind Sünder und haben nichts aufzuweisen, was Gott gefallen könnte« (Römer 3,22-23). Daran ändert auch unsere Bekehrung nichts. Unsere Hände sind immer noch leer, trotz aller guten Taten. Darum führt Paulus in Römer 3,24 seinen Gedanken so fort: »Aber was sich keiner verdienen kann, schenkt Gott in seiner Güte: Er nimmt uns an, weil Jesus Christus uns erlöst hat« (Hoffnung für alle). Danach kommen wir als erlöste Menschen in die alten Verhältnisse zurück. Schule und Firma haben sich nicht auch bekehrt. Und der durch Christus erneuerte Mensch wird schon bald erleben, was der Reformator Martin Luther (1483-1546) in seiner deftigen Sprache so ausdrückte: »Der alte Adam ist ersäuft, aber das Biest kann schwimmen.«

Wer innerhalb der Gemeinde sein sündiges Wesen leugnet und sich nicht dazu stellt, dass er auch ein Versager ist, leugnet im Grunde, dass er Gnade braucht. Wozu auch, es scheint ja doch alles zu stimmen! Aber es scheint nur so. Eine fromme Schau ist Lüge und übt massiven Druck auf andere aus, wie wir im Kapitel: »Druck erzeugt Gegendruck« noch sehen werden. Samuel Pfeifer fasst seine Erfahrungen als Arzt und Seelsorger so zusammen: »Eine Frömmigkeit, die nur sündlose Vollkommenheit, Freude und Sieg betont, wird letztlich bedrückend und unbarmherzig. Sie leugnet die Tatsache, dass auch der erlöste Mensch noch Teil der gefallenen Schöpfung ist« (»Glaubensvergiftung – Ein Mythos?« (Brendow, Moers 1993). Unter Hinweis auf Römer 7,18-25 macht er bewusst, dass der Kampf zwischen Fleisch und Geist, zwischen Erlösungswunsch und Schwachheit, hier auf Erden nie völlig aufgelöst werden kann.

Jetzt mag mancher einwenden, es gehe doch darum, als Christ so zu leben, dass wir ein »Wohlgeruch Gottes« sind. Stimmt. Und dass wir seine Werke tun und das Böse meiden. Richtig. Das sagt die Bibel. Aber ich lade Sie ein, selbst einmal zu prüfen, was die Motive Ihrer frommen Geschäftigkeit sind. Gesetzlichkeit war schon zur Zeit des Apostels Paulus ein Problem, gegen das er sich eindeutig gewandt hat. Ausführlich tut er das zum Beispiel in seinem Brief an die Christen in Galatien, dessen Lektüre ich bei diesem Thema sehr empfehle. Schon immer waren die Menschen groß darin, Ordnungen und Vorschriften aufzustellen und sich und andere daran zu messen.

> Aber ich lade Sie ein, selbst einmal zu prüfen, was die Motive Ihrer frommen Geschäftigkeit sind.

Sich selbst daran zu messen, ist falsch, wenn wir der Gnade Gottes damit etwas hinzufügen wollen. Andere Menschen so zu prägen, ist unverantwortlich, denn damit wird ihnen erschwert, Gnade als solche zu begreifen. Auch in diesem Fall handelt es sich um geistlichen Missbrauch.

Die erwähnten Buchautoren David Johnson und Jeff VanVonderen schreiben dazu: »Gesetzliches Denken tauscht das Ruhigwerden in Gott gegen Forderungen nach einem bestimmten geistlichen Verhalten ein.« Hat man dadurch nicht Christus, den Friedefürst, in einen Kriegstreiber und die Frohbotschaft in eine Drohbotschaft verwandelt? Weiter heißt es in dem Buch: »Das christliche Leben beginnt mit der Freiheit von toten Werken, von religiösen Systemen und von allen menschlichen Versuchen, Gott zu gefallen.«

Es ist einige Jahre her, da führten unsere Redakteure im ERF eine Umfrage unter den Empfängern unserer Programmzeitschrift »antenne« durch. Sie planten Sendungen zum Thema Angst und hatten dazu einen Fragebogen abgedruckt, auf dem die Leser ankreuzen konnten, wovor sie Angst haben. Rund 1000 Bogen wurden uns zurückgeschickt. Viele hatten angekreuzt, Angst vor Krankheit zu haben oder vor dem Sterben, vor Arbeitslosigkeit und Krieg, vor dem Zerbruch der Familie usw. Die zweithäufigste Antwort lautete wörtlich: »Ich habe Angst, den Forderungen Gottes nicht zu genügen.« Wir fanden das erschreckend. Die »antenne« wird überwiegend an Christen verschickt. Menschen, die eigentlich Frieden mit Gott haben sollten und ihn Vater nennen dürfen, bekennen also ihre Angst, den Forderungen Gottes nicht zu genügen. Konsequent weitergedacht bedeutet das, dass viele Christen nicht wirklich Heilsgewissheit haben. Wie viel krampfhaftes Christsein ist dahinter verborgen! Die Frage drängt sich auf, was den Menschen wohl gepredigt worden sein mag – sei es von der Kanzel, durch Medien oder im frommen Elternhaus.

Es liegt auf der Hand, dass Menschen durch eine Lehre, die Leistung fordert, um Gnade zu finden (was in sich schon ein Widerspruch ist), von Anfang an auf eine falsche Spur gebracht werden und vielleicht ihr Leben lang kaum annehmen können, geliebte und begnadigte Sünder zu sein. Das macht innerlich kaputt. Ich habe jemanden vor Augen, der eine Strickjacke anzieht und den ersten Knopf aus Versehen ins zweite Knopfloch steckt, den zeiten ins dritte Loch usw. Bis er oben am Hals merkt, dass die Zählung nicht aufgeht. Wenn es am Anfang falsch gemacht wird, kann am Ende nichts Richtiges dabei herauskommen.

> »Geistlicher Missbrauch ist, wenn jemand durch den Umgang mit einem anderen geistlichen Schaden nimmt.«

Menschen in der Seelsorge zu begegnen, deren Glaube von Anfang an gesetzlich geprägt wurde, macht hilflos, weil diese Prägung unter dem geistlichen Vorzeichen »im Namen des Herrn« geschah. Wer ist hier der Herr: Gott oder die Verliebtheit in die eigene Demut? Geistlicher Missbrauch durch

Lehre – in dem Buch »Geistlicher Missbrauch« wird das auf die kurze Definition gebracht:

»Geistlicher Missbrauch ist, wenn jemand durch den Umgang mit einem anderen geistlichen Schaden nimmt. Die weitreichende Folge davon ist eine Störung seiner Beziehung zu Gott – sofern er überhaupt in der Lage ist, eine Beziehung zu Gott aufzubauen.« ... »Menschen, die geistlich missbraucht worden sind, fühlen sich müde und klein, weil sie die geistlichen Erwartungen anderer nicht erfüllen können, und darum haben sie das Gespür für das Gesegnetsein verloren.«

Aber Samuel Pfeifer weist in seinem Buch: »Glaubensvergiftung – Ein Mythos?« zu Recht darauf hin: »Das vordergründig präsentierte Problem der ›mangelnden Heilsgewissheit‹ kann eine allgemeine Verunsicherung bedeuten, vielleicht eine zum Grübeln und Zweifeln neigende Persönlichkeits-Struktur, die sich auch in anderen Lebensbereichen auswirkt.«

Dass gerade solchen Menschen eine »Glaubenslast« viel leichter aufzuerlegen ist, ist nachvollziehbar. Haben wir ein Gespür für die schreckliche Dimension, die sich da auftun kann? Geistlicher Missbrauch ist Machtmissbrauch auch ohne institutionalisierte Machtposition. Statt Menschen zu einem frohen und befreiten Glauben an die Erlösung durch Jesus zu verhelfen, werden sie in permanente Angst vor Gott geführt. Wo diese Prägung, geistlich getarnt, über Jahre anhält, hinterlässt sie depressive Christen, die ihren Glauben als ständigen Krampf erleben. Sie gleichen dem Esel, der einen Karren zieht und als Ansporn vor sich eine Möhre hat, die er aber nie erreicht, da diese mit einem langen Stock an seinem Karren angebunden ist. Hetzen und unbefriedigt sein. Sich abstrampeln, aber das Ziel nicht erreichen. Unfriede statt Friede. Das ist das krasse Gegenteil der guten Nachricht, die uns Menschen befreien soll.

»Oftmals werden Spannungen erzeugt, indem Lehren verkündigt wurden, die nur einen Teil der biblischen Wahrheit wiedergeben. Die Sehnsucht nach der Vollkommenheit kann die Botschaft von der Gnade völlig in den Hintergrund drängen. Der Wunsch nach Gottes Führung kann völlig vergessen lassen, dass man eigene Entscheidungen zu treffen hat. Die Betonung des Gehorsams unterdrückt oft die persönliche Freiheit in Christus, und die gefühlsbetonte Inanspruchnahme göttlicher Kraft und göttlichen Sieges lässt vergessen, dass wir noch immer im diesseitigen ›Jammertal‹ leben« (Samuel Pfeifer).

Wie wohltuend ist es da, von Jesus selbst zu hören: »Kommt her zu mir, alle, die ihr mühselig und beladen seid; ich will euch erquicken. Nehmt auf euch mein Joch und lernt von mir; denn ich bin sanftmütig und von Herzen demütig; so werdet ihr Ruhe finden für eure Seelen« (Matthäus 11,28.29).

In Verbindung mit geistlichem Missbrauch durch Amts- oder Verantwortungsträger ist von der sogenannten »Darf-nicht-sprechen-Regel« die Rede. (Damit rückt dieses geistliche Problem in unmittelbare Nähe zum Täterverhalten bei sexuellem Missbrauch. Auch dort wird Druck ausgeübt, damit das Opfer schweigt und nichts an die Öffentlichkeit gelangt.) Über geistliche Missstände bzw. Machtmissbrauch redet man nicht in der Öffentlichkeit. Lieber tut man so, als sei immer alles okay und heilig, und »schützt« so die eigene Gruppe. Wer in die Bibel sieht, entdeckt allerdings schnell, dass es bereits in den ersten Gemeinden Anlass zu ernsten Warnungen gab. Und wieso sollte das in heutigen christlichen Kreisen anders sein?

Nun geht es ja gar nicht um die öffentliche Diskussion dieses heißen Themas. Aber es wäre hilfreich, zumindest innerhalb von christlichen Gruppen offen darüber zu sprechen. Wegen des erwähnten Drucks und weil man eine mögliche Gefährdung innerhalb des Systems – jede Gruppe hat ihre typischen systemischen Gesetzmäßigkeiten und Abläufe – nicht erkennt oder wahrhaben will, ist das allerdings oft nicht möglich. Manchmal sind wir eben betriebsblind geworden und brauchen einen Anstoß von außen: von Gott oder von Menschen, die eine andere Sicht haben.

Christen sind aufgefordert, anhand der Bibel zu prüfen, was gelehrt wird (Apostelgeschichte 17,11; Römer 12,8; 1. Johannes 4,1). Denn in jeder Predigt oder Andacht redet nicht nur der Geist Gottes; gleichzeitig kommt zu großen Teilen das eigene Ich zu Wort, die Biographie, die individuellen theologischen Gedanken oder Lieblingsthemen des Redners. »Es ist ein Wagnis zu predigen«, bekannte darum der Theologe Karl Barth (1886-1968).

Die Tochter des Pastors sieht ihren Papa am Schreibtisch arbeiten. »Was machst du da, Papi?« »Ich schreibe die Predigt für morgen.« »Und woher weißt du, was du schreiben sollst?« »Gott sagt es mir.« »Und warum streichst du dann immer wieder was durch?«

Lehre enthält persönliche Einfärbung. Es geht gar nicht anders. Darum ist es so wichtig, sie zu prüfen. Je nach Frömmigkeitsstil und Prägung liegen die Gefährdungen dabei an unterschiedlichen Stellen. In pietistisch geprägten Kreisen lässt sich zum Beispiel relativ leicht mit der Bibel Druck erzeugen. Und pfingstlich-charismatische Prediger stehen eher in der Gefahr, den einen oder anderen persönlichen Gedanken als Reden des Heiligen Geistes zu verkaufen.

Doch auch wenn in liberalen Gemeinden zum Beispiel Sünde nicht mehr als Trennung von Gott verstanden und beim Namen genannt wird, geschieht geistlicher Missbrauch. Da wird aus Lüge eine Notlüge, üble Nachrede ist harmloser Tratsch, ein Ehebruch klingt als Seitensprung nicht mehr ganz so tragisch ... Die Welt scheint Jesus Christus dann gar nicht mehr zu brauchen. Durch lehrmäßige Beeinflussung geschieht so geistlicher Missbrauch, der die Notwendigkeit einer Glaubensentscheidung für Jesus Christus als »pietistische Sonderlehre« abtut. Eindeutige Bibelstellen werden nach dem Motto übersehen: »Im Auslegen seid frisch und munter – legt ihr nichts aus, legt etwas unter.«

Die Macht des Gebetes

»Worte sind Mächte, Gedanken sind Kräfte; stärker als beide ist das Gebet« (F. Herter). Ein toller Satz, an den Sie sich erinnern werden, wenn wir später auf das Gebet zurückkommen. Der Mystiker Meister Eckart erklärte im 13. Jahrhundert: »Das Gebet ist der sicherste Weg zu Gott.« Im Zusammenhang mit der »Diktatur der Frommen« geht es nun um Gebete, die zwar mit mächtigen Worten und kräftigen Gedanken zu tun haben, aber dennoch nicht in erwarteter Weise bei Gott ankommen.

Verkündigung geschieht ja nicht nur sonntags von der Kanzel oder in anderen Lehrveranstaltungen, sondern auch im lauten Gebet eines Einzelnen vor der Gemeinde oder in Gebetsgemeinschaften. Manche Gebete sind allerdings weniger an Gott gerichtet, sondern eher besonders eindringliche Worte an die Geschwister links und rechts. Wie in der Predigt wird auch hier in der Regel nicht unterbrochen oder gar widersprochen. Diese Freiheit nehme ich mir, denkt mancher, und legt los.

Wie fühlten Sie sich, wenn Sie auf diese Art schon einmal »angepredigt« wurden und jemand das Beten schamlos ausgenutzt hat, um Ihnen die Meinung zu sagen?

Hatten Sie schon mal den Eindruck, dass das Gebet eines anderen eigentlich Ihnen galt? Oft geschieht das unterschwellig und versteckt, sodass die Sache kaum als Problem zu erkennen ist, als Missbrauch des Gespräches mit Gott. Wie fühlten Sie sich, wenn Sie auf diese Art schon einmal »angepredigt« wurden und jemand das Beten schamlos ausgenutzt hat, um Ihnen die Meinung zu sagen?

- »Herr, ich danke dir, dass du Bruder Müller helfen wirst, zukünftig in ähnlichen Situation nicht mehr so schnell aufzubrausen, sondern geduldiger mit uns allen zu sein.«
- »Gib du Schwester Meier die Fähigkeit, sich in unsere Ju-

gendlichen hineinzudenken und so das gute Miteinander in unserer Gemeinde zu fördern.«
- »Danke, dass du Hannelore zeigen willst, dass es dein Wille ist, dass unsere Jungschar weiter besteht und sie ihren Dienst nicht aufgibt.«
- Manchmal hört man solche »Fürbitte«-Gebete – noch feiger – auch ohne Namensnennung, und doch weiß jeder, wer gemeint ist.

Mancher ist zum direkten Gespräch mit einem Betroffenen nicht bereit oder kam dabei vielleicht nicht zum gewünschten Ergebnis und verleiht seinen Wünschen nun auf diese Weise öffentlich Ausdruck. *Es liegt auf der Hand, dass Gott dieses Reden nicht erhört. Gebet ist Anbetung.* Wenn es uns nicht möglich ist, andere liebevoll zu umbeten, statt sie »umzubeten«, ist es besser, zu schweigen und uns im Stillen an Gott zu wenden.

Das Problem ist in diesen Fällen jeweils die unangemessene und fragwürdige Einbeziehung Gottes. Einem getarnten Gebet wird kaum jemand widersprechen, und wenn die Bibel oder der Heilige Geist als Autorität herangezogen wird, kann man eigentlich nichts mehr entgegnen. Wie beim Kartenspiel: Ein Trumpf ist unschlagbar und je nach Spiel universell einsetzbar.

Wer Gott so einsetzt, wie es ihm gerade in sein Konzept passt, der wird an Gott und an Menschen schuldig. Die Bibel bezeichnet irreführende Lehrer aus den eigenen Reihen als besondere Gefahr, weil sie den durch Christus Befreiten neue Gesetze und Lasten auferlegen. Angriffe von außen sind leicht zu erkennen. Aber von Vertrauenspersonen innerhalb der Gemeinde erwartet man doch nichts Falsches, oder? Gottes Wort warnt vor dieser Gefahr (Römer 14,1ff; Kolosser 2,16-23).

Die Macht der Leitung

Fragt man nach der Gemeindeleitung, so werden einem in der Regel die Namen der amtierenden Personen genannt: Presbyterium, Gemeindeleitung, Ältestenkreis, mancherorts auch Vorstand oder Brüderrat. Das sind die Funktionsträger. Aber damit ist noch lange nicht gesagt, dass dies auch die Personen sind, die eine Gemeinde wirklich steuern. Was tut sich hinter den Kulissen, wer zieht wirklich die Fäden und lässt die Puppen tanzen?

»Selbst ein Falke ist unter Krähen noch ein Adler«, sagt ein Indianerspruch. Treffend bringt dieses Wort zum Ausdruck, dass jeder einen findet, den er gängeln und knechten kann. Wer im Beruf nichts zu sagen hat und ein kleiner Krauter ist, kann zu Hause den Macho spielen. Kinder, die von ihren Eltern geschimpft oder geschlagen wurden, geben ihren Frust im Sandkasten an andere weiter. Wer in der Gemeindeversammlung nie richtig ernst genommen wird, kann sein »mächtiges« Gebaren in der Gruppe entfalten, die er selbst leitet – ohne Anwesenheit eines Ältesten.

Wenn die Machtinhaber nicht gleich erkennbar oder zu benennen sind, spricht man von einer Machtstruktur. In einer sozialen Gruppe bildet sich also ein so genanntes »Machtrelief« heraus: Die Unterschiede in der Gruppe, seien es Alter, finanzielle Ressourcen oder der Rückhalt durch andere, helfen den eigenen Willen durchzusetzen (siehe auch den Abschnitt 3: »Alles eine Frage der Definition?«). Es handelt sich um »ungeschriebene Gesetze«, um die gewachsene Hierarchie einer Gruppe. Streng genommen gibt es keine Gruppe ohne Leitung. Irgendjemand setzt sich durch und übernimmt in den gruppendynamischen Prozessen mehr oder weniger direkt eine Leitungsfunktion.

Kampf der Geschlechter

Nicht immer haben Männer »die Hosen an«. Auch in Gemeinden, in denen Frauen offiziell schweigen (sollen), sind sie nicht selten die Dominanteren, die mit Charme, Geschick oder Machtgebaren die dienenden Brüder so beeinflussen (um den Finger wickeln?), dass diese es gar nicht merken und sich nach wie vor am längeren Hebel wähnen: der Kampf der Geschlechter; der Versuch, die alten patriarchalischen Rollen aufzulösen.

Ich sehe sie vor mir, die ältere Dame mit ernster Miene und Knoten im Haar, wie sie ihrem Mann nur einen Blick zuwirft – und schon pariert er. Das ist bühnenreif.

Nicht mehr ganz so harmlos sind die Kämpfe um die Frage, ob Frauen sich wie Männer in der Gemeindeleitung engagieren dürfen oder nicht. Ich erinnere mich gut an Abstimmungen mit klarem Ergebnis. Doch in der Folge litt die Gemeinde unter den Grabenkämpfen Einzelner, die sich damit nicht abfinden wollten.

Familien»bande«

An die Macht drängende Kräfte (die »heimliche« Gemeindeleitung) brauchen Zugang zum Schalthebel (Machthaber) oder zu den Netzwerken. In manchen Gemeinden sind es Familien»bande«, die geschickt taktieren und darüber bestimmen, wer »drinnen« und wer »draußen« ist. Neue Leute werden als Eindringling empfunden, die sich erst das Recht erwerben müssen, gehört zu werden. Sie müssen beweisen, dass sie besser sind. Das ist konfliktreich, denn »neue Besen kehren gut«, sagt das Sprichwort. Dafür weiß der alte Besen, wo der Dreck ist ... Und der wird mit aller Macht beschützt, damit nur kein Staub aufgewirbelt wird.

Schon zwei oder drei Familien mit ähnlicher Wellenlänge können aufgrund ihrer Stimmenanzahl in Mitgliederversammlungen darüber entscheiden, wer welche Rolle spielen darf und ob ein Pastor noch geduldet ist. Und so gelingt es, dass der Sohn das Amt des Vaters übernimmt. Weil der Apfel bekanntlich nicht weit vom Stamm fällt, gibt es andererseits Familien, die sich seit Generationen zurückhalten. Man kann nicht wirklich mit ihnen rechnen. Sie tun nichts, und richten damit doch Schaden an.

Solche Dynastien können gerade in ländlichen Gebieten mit festgewachsenen Strukturen zur Zerreißprobe für jede Gemeinde werden. Auch hier gilt leider oft: »Blut ist dicker als Wasser.« Wenn es darauf ankommt, halten Familien zusammen. Doch was löblich klingt, ist schädlich, denn Gemeinde darf nicht mit Familie verwechselt werden.

Was ich hier schildere, sind natürlich extreme Auswüchse. Gott sei Dank gibt es sowohl im Einvernehmen von Männern und Frauen als auch im Auftreten von Familien auch das Erfreuliche und Segensreiche. Für den folgenden Aspekt der Generationen gilt das ebenso, denn nicht immer liegen sie im Clinch.

Generationen im Clinch

Die Alten und die Jugend. Das sind mancherorts mehr als Schlagworte; es kommt zum heftigen Schlagabtausch zwischen denen, die seit alters her wissen, wie alles lief, und denen, die heute mitreden möchten, damit was läuft. Oft sind die Fronten total verhärtet und an der Sitzordnung zu erkennen. »Die Jugend« setzt sich nicht »zum Alter«, denn das ist uncool. Und »die Alten« bleiben ohnehin meist lieber auf ihrem Stammplatz. Die Alten mögen die Jungen, das werden sie nie leugnen. Aber sie mögen sie doch am liebsten so, wie man früher war. Keine Sorge, auch ich werde älter ...

Wenn alte Geschwister nicht verstehen können oder wollen, dass man Gemeinde heute nicht mehr genauso bauen kann wie in ihrer eigenen Jugendzeit, dann blockieren sie. Zwar kann man den Bestand auf diese Weise noch ein paar Jahrzehnte über die Runden retten, aber mehr wohl auch nicht. Denn wer heute junge Menschen erreichen will, der muss die gute alte Nachricht von der Erlösung durch Jesus Christus so präsentieren, dass die Generation, die heute jung ist, sich interessiert, zuhören mag und verstehen kann. Ich fürchte, manche Alten machen sich in Wirklichkeit mehr Sorgen darum, dass Liebgewordenes und Gewohntes entfällt, als dass die Reinheit der christlichen Lehre in Gefahr ist.

Vielfach sind Gemeinden durch die Generationen gespalten, statt die Chance guter Vorbilder auf beiden Seiten wahrzunehmen. Hinzu kommt der Mittelblock des Mittelalters, die, die zwischen den Stühlen sitzen. Sie haben Kinder auf der einen und Eltern auf der anderen Seite. Das kann zum zerreißenden Spagat werden, denn jede Generation setzt sich gezielt und kräftig für ihre Belange ein. In manchen Gemeinden gelingt nur wenigen ein ehrliches Verständnis für die anderen. Gott sei Dank geht es aber auch anders.

Machtmenschen finden ihren Weg

Nicht immer haben sie ein Amt inne. Viele wollen das auch gar nicht, weil man dadurch angreifbar wird. Aber untätig sind sie dadurch noch lange nicht. Mancher reagiert einfach nur auf etwas, was er als Bedrohung erlebt. Und natürlich ist nicht jeder, der für bestimmte Belange kämpft, gleich ein Machtmensch im negativen Sinne.

Eine Gemeinde ist ein komplexes Gebilde. Es hat mit Familien und Generationen zu tun, mit missionarischer Arbeit und Umbaustress, mit Geld und Entscheidungen, mit Freunden und Fremden, mit Verkündigung und persönlichem

Wachstum, mit Kinderprogramm und Urlaubsvertretung, übergeordneten Leitungsgremien und Selbstständigkeit. Da ist viel Spielraum für Macht und Ohnmacht, für Ordnung und Unordnung, Freude und Leid, Wollen und Können, Geben und Nehmen ... Die im Kapitel: »Heiligt der Zweck die Mittel?« aufgeführten weiteren Spannungsfelder passen alle auch zur Gemeinde.

Wir haben uns nun mit der christlichen Lehre beschäftigt. Die Tatsache, dass es um Glaubensinhalte geht, bedeutet noch lange nicht, dass es dort kein Fehlverhalten, keinen Missbrauch gäbe. Es kann andere Menschen in große innere Not führen und den Weg zu einem frohen Christsein blockieren, wie jemand sich mit seiner Überzeugung präsentiert. Gesetzliche Lehre beispielsweise entfremdet den Glaubenden von der Gnade Gottes, auf die es doch allein ankommt.

Macht der Glaube krank?

Die Behauptung, der Glaube würde krank machen, ist etwas völlig anderes als unsere Beschäftigung mit krank machenden Strukturen. »Wenn du nur richtig glauben würdest ...«, sagen die einen. »Löse dich von den Fesseln deines Glaubens«, raten die anderen.

Christlicher Glaube, den nur Gott in uns wecken kann, macht nicht krank!

Auch die so genannte ekklesiogene Neurose wird heftig diskutiert. Vereinfacht ausgedrückt heißt das ja: Die christliche Gemeinde (Ekklesia) macht einen Menschen psychisch krank. Das ist für die einen undenkbar, aber traurige Realität für die anderen. Christlicher Glaube, den nur Gott in uns wecken kann, macht nicht krank! Gott will das Heil des Menschen. Er schenkt durch den Glauben Zuversicht und Hoffnung (Hebräer 11,1), die nicht zuschanden werden lässt (Römer 5,1).

Unsere krank machende Lebensart ist das Problem. Denn: Was Gott tut, ist das eine. Wie wir Glauben leben, ist das andere. Unsere Vorstellung von Gott entscheidet über unsere Art zu glauben. Dabei kann es zu Entwicklungen und Einsichten kommen, die einen Menschen eher belasten als entlasten. In diesem Zusammenhang wird zwischen intrinsischem und extrinsischem Glauben unterschieden: Die intrinsische Glaubenshaltung ist davon gekennzeichnet, dass ein Christ »mit Leib, Seele und Geist« von seinem Glauben überzeugt ist. Der Glaube gibt ihm Sinn und Ziel, Motivation und inneren Frieden. »Intrinsisch« heißt: von innen begründet. Es ist der Glaube, den Gott wirkt. Es ist Glaube, der auch mit schweren Wegen rechnet, sich aber auch dann von Gott gehalten weiß.

Menschen mit extrinsischem Glauben sind mehr »von außen«, von Äußerlichkeiten und Formen bestimmt. Ihre Vorstellung von Gott ist weniger von Liebe und Gnade geprägt, sondern von zum Teil unbiblischen oder falsch verstandenen Forderungen, die letztlich kein Mensch erfüllen kann. Das macht Angst und hat Auswirkungen auf das seelische Befinden bis hin zu Depressionen. Wessen Glaube so geprägt ist, der achtet mehr auf fromme Fassade als auf ehrliche Transparenz. In Krisenzeiten trägt solcher Glaube nicht, weil er sich nicht wirklich an Gott, sondern eher an menschlich Machbarem orientiert. Menschen mit extrinsischem Glauben vermitteln gerne anderen ihre Werte, die oft religiös, aber nicht unbedingt biblisch begründbar sind. Einengendes Christsein ist die Folge, bei dem Friede, Freiheit und Freude oft nur als Funke überspringen, nicht aber als Feuer, das der Geist Gottes in uns entfachen will.

Jeder ist ein Original. Christen glauben zwar an den gleichen Gott, aber sie glauben nicht alle gleich. Unsere Originalität zeigt sich auch in unserer Art der Nachfolge. Sie hat mit unserer Biographie zu tun, denn wir sind durch Erbgut, Erziehung und soziales Umfeld geprägt. Bei jedem Menschen haben wir es darum mit einem unverwechselbaren Zusammenspiel dieser Herkunft, seiner Persönlichkeit, seines Lebensstils und seiner Glaubenshaltung zu tun.

Oft zeigt sich schon in der Kindheit der Grundzug einer neurotischen Störung, einer inneren Konflikthaftigkeit. Solche Menschen sind oft sensibel, ängstlich, gehemmt und haben nur ein geringes Selbstwertgefühl. Sie empfinden eine Spannung zwischen eigenen Bedürfnissen und christlicher Lebensführung. Wenn eine solche Grundstruktur durch religiöse Prägung oder Machtmissbrauch verstärkt (krankhaft) wird, spricht man von der ekklesiogenen Neurose.

Verführung statt Führung

Die amerikanischen Autoren David Johnson und Jeff VanVonderen waren nicht die Ersten, die über geistlichen Missbrauch geschrieben haben. Aber sie wählten diesen Begriff für besondere Missstände in religiösen Gruppen. Auch andere schrieben sich von der Seele, was sie selbst in frommen Kreisen erlitten hatten: Kurt Quadflieg in seinem Buch »Und sie werden viele verführen« (Selbstverlag 1996) oder Edin Lovas, der unter dem Titel: »Wölfe in Schafspelzen« über Machtmenschen in der Gemeinde schrieb (Brendow, Moers 2004). In christlichen Zeitschriften reagierten Betroffene und Fachleute in den letzten Jahren auf das Thema. Dabei zeigte sich in erschreckender Weise, dass die Erfahrungen der beiden Amerikaner leider auch in Deutschland bzw. Europa gemacht werden. Die Not zeigt sich nicht etwa nur in Sekten, sondern tatsächlich auch in Gemeinden, die nach dem Neuen Testament zu leben versuchen.

Macht – gerade auch geistliche Macht – ist ein gefährliches Instrument. Rolf Senst, Chefarzt der DE'IGNIS-Fachklinik in Egenhausen, definiert das Problem folgendermaßen: »Missbrauch geschieht immer dann, wenn ein Mensch einen anderen Menschen dazu benutzt, eigene Bedürfnisse zu befriedigen, ohne dafür das bewusste, freie und entwicklungsangemessene Einverständnis des anderen zu haben. Er bedient sich dabei eines vorhandenen Machtgefälles und vernachlässigt damit verbundene Fürsorgepflichten gegenüber dem anderen.«

Noch einmal langsam und der Reihe nach: »Missbrauch geschieht immer dann, wenn ein Mensch einen anderen Menschen dazu benutzt, eigene Bedürfnisse zu befriedigen.«

Im weltlichen Bereich ist das bekannt. Da haut man andere zum eigenen geschäftlichen Vorteil übers Ohr. Oder man braucht den Applaus der Zuschauer fürs eigene Selbstwertgefühl. Auch im frommen Bereich verleihen Ämter Macht. Und wer Macht hat, hat auch hier Ansehen. Er kann Menschen beeinflussen. Er kann sie für die eigenen Interessen einsetzen. Das alles, um vielleicht durch den scheinbaren Erfolg von Misserfolg und Lebenspleiten auf anderer, privater Ebene abzulenken. Geistliche Leiter können in ihrer Gemeinde hohes Ansehen genießen, aber zu Hause unverantwortlich und inkonsequent sein. Solche Missstände werden durch Amtsmissbrauch kompensiert, der heilige Schein wird gewahrt. Und wenn dann doch etwas von dem Doppelleben nach außen dringt, können manche nicht glauben, was andere über ihren geschätzten Bruder äußern.

An dieser Stelle schlage ich noch einmal eine Brücke zum Missbrauch durch Lehre. Ich schrieb von Christen, die scheinbar vollkommen sind. Ihre Außenschau ist perfekt. Nie lassen sie durchblicken, dass auch sie Anfechtungen kennen, geschweige denn ihnen erlegen sind. Es ist keine Rede von familiären Sorgen oder Glaubenszweifeln. Natürlich vergessen auch sie schon mal das morgendliche Bibellesen oder Beten;

> *Missbrauch geschieht immer dann, wenn ein Mensch einen anderen Menschen dazu benutzt, eigene Bedürfnisse zu befriedigen, ohne dafür das bewusste, freie und entwicklungsangemessene Einverständnis des anderen zu haben.*

ansprechen würden sie das nie. So baut sich ein Trugbild auf. Hinzu kommt, dass manche auch radikal zwischen Privatleben und Gemeinde trennen.

Es gibt noch eine andere Variante, die der Prediger C. H. Spurgeon (1834-1892) als »Menschen mit zwei Gesichtern« beschrieb. Wir sagen: »Sie drehen ihre Fahne nach dem Wind« und denken dabei zum Beispiel an die so genannten »Wendehälse« aus der DDR-Zeit. Aber auch in Sitzungen von Gemeinderäten und überall sonst begegnen wir Menschen, die ihre Meinung rasch ändern und der Situation anpassen. Spurgeon beschreibt sie so: »Wie Wasser kochen oder gefrieren sie, je nachdem, wie die Temperatur ist.« Sie verhalten sich so, weil sie oft keine eigene Überzeugung haben oder bewusst ihren Vorteil suchen: »Ihre Mühle mahlt jedes Getreide, das man zu ihr bringt, wenn nur das bare Geld nicht ausbleibt. Wie Frösche können sie auf dem Lande oder im Wasser leben. Wie Katzen fallen sie immer auf ihre Füße. Und wie Ratten verlassen sie das Schiff, ehe es sinkt.«

Zu Anfang dieses Buches dachten wir über »Berufsstände« in der Gemeinde nach. Abgesehen von diesen beruflichen Kategorien erleben wir, wie erstaunlich viele Erwachsene sich wie Kinder verhalten: Sie zeichnen sich dadurch aus, dass sie zunächst scheinbar alles mit sich machen lassen, dann aber die Chance zur trotzigen Rebellion ergreifen. Wir kommen beim Nachdenken über die »Rache des kleinen Mannes« darauf zurück.

Wie lautet die Fortsetzung der Definition? »... ohne dafür das bewusste, freie und entwicklungsangemessene Einverständnis des anderen zu haben.«

Auch wer unberechenbar, scheinheilig oder doppelzüngig lebt, braucht seine Bestätigung. Also holt man sie sich im Beruf oder in der christlichen Gemeinde. Man spielt vor anderen Menschen und manchmal auch mit ihnen. Das ist der Missbrauch. Mitmenschen werden benutzt, um eigene Bedürfnisse zu befriedigen.

Zur Kommunikation gehören immer mindestens zwei Menschen. Einer, der agiert, und einer, der reagiert. Wenn der Reagierende frei ist, kann er auch nein sagen, darf eine andere Meinung haben. Er wird keine Angst vor dem Agierenden haben.

Klar macht es einen Unterschied, ob man es mit Kindern, Jugendlichen oder Erwachsenen zu tun hat. Auch die Frage der psychischen Labilität oder Stabilität spielt eine Rolle, ob jemand sich alles gefallen lässt, zu allem Ja und Amen sagt, Angst entwickelt, kaum zu eigenen Entscheidungen fähig ist, sich gern führen lässt, autoritätsgläubig ist usw. Dann kann der geistliche Leiter sagen, was er will, es wird ihm alles geglaubt. Schrecklich. Unbiblisch.

In der Definition von Rolf Senst heißt es weiter: »Er bedient sich dabei eines vorhandenen Machtgefälles«.

Man sollte meinen, in der Gemeinde Jesu gäbe es nur gleichwertige Schwestern und Brüder, so wie es Paulus durch den Vergleich mit einem Körper darstellt: Zwar ist einer Ohr, ein anderer Hand, einer ist Bein, ein anderer Fuß, aber sie alle funktionieren miteinander und werden durch den einen Kopf gesteuert, Jesus Christus.

In der Praxis sieht diese Gleichwertigkeit anders aus. Darum ermahnt der Apostel in 1. Korinther 12 die Glieder, einander wertzuschätzen, damit es nicht dazu kommt, dass sich einer auf Kosten anderer profiliert oder ausruht. Es gibt in den Gemeinden ein Gefälle von der Leitung zu den einzelnen Mitgliedern. Und jeder bringt in seine Art zu leiten auch seine Persönlichkeit, seinen Charakter, seinen Lebensstil ein. Ältester und Ältester ist zweierlei. Auch Pfarrer oder Pastoren sind nicht alle gleich. Manche sind sehr offen für Kritik, andere lassen sie nicht an sich heran – bis hin zu der Auffassung, einen Geistlichen dürfe man nicht hinterfragen. Auch dahinter verbirgt sich eine falsche Demut. Es liegt sogar der Verdacht nahe, dass diese Haltung bereits eine Folge geistlichen Missbrauchs ist. In der Bibel wird gerade von geistlichen Leitern eine große Verantwortlichkeit erwartet. Darum ist auch das biblische Anforderungsprofil etwa für Älteste ein fest abgesteckter Rahmen. Gottes Wort schiebt einen Riegel vor, damit nicht jeder, der gerade Spaß dran hätte, eine solche Aufgabe übernehmen kann. Wir gehen später noch darauf ein.

Der Start in ein Amt ist das eine. Wie sich jemand darin bewährt und in seinem Verhalten entwickelt, ist das andere. Auch Amtsträger sind und bleiben Menschen, die sündigen, selbst wenn sie das nie durchblicken lassen. Darum kann es auch zu Missbrauch durch Leiter oder Leiterinnen kommen. Mit welchem Aspekt endet die Definition von Rolf Senst? »Er bedient sich dabei eines vorhandenen Machtgefälles und vernachlässigt damit verbundene Fürsorgepflichten gegenüber dem anderen.«

Die Rollen sind vertauscht, wenn nicht der Leiter für das Wohlergehen der Gemeinde, sondern die Gemeinde für das Wohlergehen des Leiters da ist.

Fürsorgepflicht – das ist für geistliche Leiter wesentlich. Gott vertraut ihnen Menschen an, damit sie sie geistlich voranbringen. Das setzt voraus, dass ein Leiter seine Leute kennt. Dass er – wie Martin Luther einmal sagte – sein Ohr am Volk hat. Er muss die Nöte sehen, geistlichen Mangel feststellen und Abhilfe schaffen. Es ist seine Aufgabe, für ein gutes Miteinander in der Gemeinde zu sorgen und die Schwachen vor den Starken zu schützen, damit sie nicht untergebuttert oder abgewertet werden. Der Leiter soll seine Gemeinde lieben, wie und weil er selbst von Jesus Christus geliebt ist. Fürsorgepflicht – damit der Leib zur Ehre Gottes aufgebaut wird, nicht zur eigenen Ehre. Die Rollen sind vertauscht, wenn nicht der Leiter für das Wohlergehen der Gemeinde, sondern die Gemeinde für das Wohlergehen des Leiters da ist.

Dazu sagt der Apostel Paulus: »Und er hat einige als Apostel eingesetzt, einige als Propheten, einige als Evangelisten, einige als Hirten und Lehrer, damit die Heiligen zugerüstet werden zum Werk des Dienstes. Dadurch soll der Leib Christi erbaut werden, bis wir alle hingelangen zur Einheit des Glaubens und der Erkenntnis des Sohnes Gottes, zum vollendeten Mann, zum vollen Maß der Fülle Christi« (Epheser 4,11-13). Gott begabt Menschen und führt sie in verschiedene Aufgaben und Ämter. Lehre und Leitung sind zwei Dienstbereiche von vielen. Es muss und soll also Leitung geben. Insofern ist es wichtig, geistlichen Amtsmissbrauch von guter Leitung zu unterscheiden.

Eine Gemeinde braucht Vordenker mit weitem Horizont, die weise sind und die grobe Richtung angeben. Eine Gemeinde braucht Geschwister, die Entscheidungen treffen. Es kann in geistlichen Angelegenheiten nicht alles per Mehrheitsbeschluss in einer Mitgliederversammlung geregelt werden. Es hat auch nichts mit Amtsmissbrauch zu tun, wenn ein Leiter andere auf ihre Sünde anspricht, sie ermahnt, den Weg zur Vergebung mitgeht und Hilfe zur Lebensveränderung aufzeigt. Es ist ebenso wenig geistlicher Missbrauch, wenn bewährte Traditionen verteidigt werden. Das alles hat seine Berechtigung, wenn es in Abhängigkeit von Gott bzw. Jesus Christus als Haupt der Gemeinde geschieht.

Der Maßstab für geistliches Leiten ist Gott und sein Wort; nie der Leiter selbst. Darum gilt auch hier der weise Rat: Prüft alles und das Gute behaltet. Prüft, ob Lehre und Leitung mit den Aussagen der Bibel übereinstimmen – und zwar als Ganzes, nicht mit einzelnen Versen, die aus dem Zusammenhang gerissen werden. Gerade diese Methode kommt Irrlehrern und Menschen mit »Privattheologie« zugute: Sie argumentieren zwar mit Gottes Wort, und es klingt alles logisch und natürlich biblisch. Biblisch im umfassenden Sinn ist aber nicht ein einzelnes Wort oder eine isolierte Aussage, sondern die ganze Offenbarung Gottes im Alten und Neuen Testament.

Diktatur der Frommen – sichtbar beim Hauskreisleiter, der alles so geschickt einfädelt, dass letztlich immer getan wird, was er will und vorschlägt. Er missachtet den Willen seiner Hauskreisbesucher und stellt ihre aktuellen Fragen gekonnt in den Hintergrund. Ein schwacher Leiter, der nur stark ist, wenn seine Lieblingsthemen behandelt werden. Er diktiert den anderen, was dran ist.

Diktatur der Frommen – da ist der Pfarrer, der sich der Macht auf »seiner« Kanzel bewusst ist. Dort kann er seine Ideologie vertreten, sein geistliches Steckenpferd reiten. Niemand ruft dazwischen. Predigtnachgespräche gibt es nicht. Für Rückfragen ist kein Raum, und so bleiben die Sichtweisen anderer Gemeindeglieder ausgeblendet. Sonntag für Sonntag predigt er zuerst, um seine Position zu festigen – und nicht, um den Menschen durch das Wort Gottes Gutes zu tun.

Diktatur der Frommen – auch die Mitarbeiterin gehört dazu, die schon seit 20 Jahren den Gemeindebrief gestaltet und nicht bereit ist, diesem wichtigen Informationsmedium ein neues Aussehen zu geben. Sie gibt die Aufgabe weder an Jüngere ab noch ist sie bereit, mit ihnen zusammenzuarbeiten. Und niemand traut sich, Klartext mit ihr zu reden – sie taktiert mit Geld und Einfluss. Wer will es sich mit so jemandem schon verderben?

Diktatur der Frommen – der Leiter des Besuchsdienstes zählt dazu. Er kommt reihum in die Häuser, nicht nur auf Einladung. Und dann »predigt« er die Geschwister an. Er macht Meinung gegen andere und stiftet auf diese Weise großen Unfrieden. Warum besucht er überhaupt die Leute? Was ist sein tatsächliches Motiv?

Diktatur der Frommen – zuletzt sei der treue Älteste genannt, der sich immer für alle und alles verantwortlich fühlt. Er hat wohl das Gefühl, dass Gott ihn mehr braucht, als dass er selbst Gott braucht. Denn wenn die anderen nicht gleich zur Mitarbeit aufspringen, wer tut es denn dann? Er weiß alles besser, ob beim Kassettenkopieren, bei der Auswahl eines Evangelisten oder beim Erstellen des Putzplanes. Ohne ihn geht nichts. Und so hält er die anderen von der Mitarbeit zurück und verleidet es ihnen. Er weiß ja doch alles besser, er scheint von Gott universell begabt zu sein, ein Multitalent. Dagegen ist jeder andere nur ein kleines Licht, das im Schatten des großen Bruders steht – und sich auch vor Gott als unbrauchbar empfindet.

Die Diktatur der Frommen, geistlicher Missbrauch durch Lehre und Leitung ist Realität. Leider. Vielleicht fragt sich mancher, ob der Begriff »Missbrauch« nicht doch etwas zu hoch gegriffen ist. Aber es geht hier nicht um den Vorstand eines Taubenzüchtervereins, sondern um die Verantwortung in der Gemeinde Jesu, um die Weitergabe der guten Nachricht Gottes, die Menschen befreien soll. Gerade weil es hier um elementare Dinge geht, will ich Sie mit einem krassen Bild von Heijo Rieckmann, Professor an der Universität Klagenfurt, konfrontieren.

In einem Vortrag beim Kongress christlicher Führungskräfte 2003 bezeichnete er Verführer als »Schweinehunde«. Er beschrieb dieses Fabelwesen mit seinem brutalen, psychologisch raffinierten und hochintelligenten Verhalten als perfektes Zweierteam: »Der Hund jagt, beißt und tötet – das Schwein sammelt Fett, Speck und Leibesfülle. Im Sommer macht der Hund Beute, für sich und sein Schwein. Im Winter gibt das Schwein Wärme und Reserve. Beide fühlen sich pudelwohl und saugut.« Was uns als Schimpfwort geläufig ist, gebrauchte Rieckmann als bildhafte Erklärung für nicht zu verharmlosendes oder einfach zu entschuldigendes Machtgebaren. Wehret den Anfängen, kann ich da nur sagen.

Verführung im Unterschied zur Führung ist Heijo Rieckmann zufolge dadurch gekennzeichnet, dass der »Schweinehund« die Kooperation mit Menschen sucht, die labil sind, von Ängsten und Unsicherheiten gekennzeichnet, eine innere Leere in sich spüren oder von jeder Gier umhergetrieben sind. Auf ihrer rastlosen Suche nach Geborgenheit und Glück sind sie für Machtmenschen eine leichte Beute. Von Versprechungen und Angeboten lassen sie sich leicht einwickeln. Aus: »Vertraue mir, ich helfe dir« wird dann schnell das kumpelhafte: »Wir schaffen das schon; du musst nur tun, was ich dir sage«. Darum Vorsicht, denn »Verführen ist listenreiches Führen auf Kosten des Geführten zum letztendlich einseitigen Gewinn des Verführers« (Heijo Rieckmann).

Vorsicht, denn »Verführen ist listenreiches Führen auf Kosten des Geführten zum letztendlich einseitigen Gewinn des Verführers«.

An einfachen Beispielen aus den Märchen, »Rotkäppchen und der Wolf« oder »Der Rattenfänger von Hameln«, verdeutlicht Rieckmann die Taktik: Zuerst wird dem Opfer Interessantes und Gutes vorgegaukelt: Sicherheit oder Gewinn, Anerkennung oder Schönheit. Das Opfer freut sich wie der Fisch, der einen Moment lang den Köder genießt. Aber dann kommt das böse Erwachen, denn im Köder steckt der Haken, die Angel zuckt. Der Fisch wird aus dem Wasser gezogen. Der Wolf hat die Geißlein gefressen. Im realen Leben ist das dramatischer. Rieckmann spannt dazu den Bogen von Adolf Hitler über Heiratsschwindler bis zur Wirtschaftskriminalität.

7. Druck erzeugt Gegendruck

So haben wir es im Physikunterricht gelernt. Puste ich in einen Luftballon, so spüre ich gleich den Gegendruck, denn die Luft wird aus der sich dehnenden Hülle wieder herausgepresst. Knöpft sich jemand nach dem üppigen Schlemmen seine Hose mit Gewalt zu, ist die Freude womöglich nur von kurzer Dauer, weil die zusammengedrückte Körperfülle stärker ist und der Hosenknopf abreißt.

Druck erzeugt Gegendruck. Das gilt auch bei angewandter Macht, sei es in der Firma, in der Sportgruppe, in Ehe und Familie oder in der Gemeinde, also überall, wo Menschen miteinander zu tun haben und verschiedene Meinungen und Wertmaßstäbe aufeinander prallen. Das gilt erst recht, wenn sich Machtgebaren bis zu geistlichem Missbrauch durch Lehre und Leitung verschärft. Dass Gemeinde dann keine Freude mehr macht und der Glaube selbst in Mitleidenschaft gezogen wird, versteht sich von selbst. Man besucht zwar die eine oder andere Veranstaltung und beteiligt sich hier und dort, um gesehen zu werden oder das eigene Gewissen zu beruhigen, aber mehr auch nicht. Man bemüht sich, den Erwartungen der anderen noch zu entsprechen und die ungeschriebenen Gesetze der Gruppe (Gruppenzwang) einzuhalten. Mit Paulus lässt sich nüchtern feststellen: »Was der Mensch sät, das wird er ernten« (Galater 6,7).

Dabei ist, wie ich bereits zu Anfang geschildert habe, der scheinbar Schwache oder Unterlegene gar nicht so hilflos, wie man meinen könnte. Er oder sie entwickelt Strategien, um mit Angriffen fertig zu werden und ebenfalls seine Ziele zu erreichen. Überall da, wo Macht einen anderen oder eine Gruppe bewusst oder unbewusst unter Druck setzt, gibt es Versuche der Selbsthilfe durch Abwehrmechanismen. Einige Varianten sehen wir uns später an.

Betreten wir zuvor die Chefetage eines Unternehmens. Der Boss leitet, die anderen reagieren. Dabei kristallisieren sich auf der zweiten oder dritten Leitungsebene drei Mitarbeitertypen heraus: Der eine verhält sich wie ein Echo, ein typischer Ja-Sager, der dem Chef gefallen will. Verschiedene Ängste sind sein Motiv. Der zweite ist der Bodygard, der den Chef abschirmt und vor Angriffen oder Kritik schützt. Er hält die Fäden in der Hand und unterwandert damit, je länger je mehr, die Autorität des Chefs, weil er letztlich wichtige, wenn auch schwierige Kommunikation verhindert. Oft nehmen Frauen die Rolle eines solchen Harmonisierers ein. Bleibt noch der ehrgeizige Thronräuber. Er spekuliert und hat nur die eigene Macht im Sinn. Ihm ist jedes Mittel recht; mal schmiert er dem Vorgesetzten Honig um den Bart, mal spielt er den Besserwisser. Damit ist über die Art, wie der Chef leitet, noch keine wertende Aussage gemacht. Er kann ein guter, fairer Boss sein. Aber selbst dann wird er erleben: Wer leitet, leidet.

Gerade wenn Kleinigkeiten zum Machtpoker ausfern, kann man erleben, wie aus der Mücke sprichwörtlich ein Elefant gemacht wird: Dann wird energisch diskutiert, wie die Stühle im Saal stehen müssen, ob eine Veranstaltung wegen der Senioren um 19.30 Uhr oder mit Rücksicht auf Familien erst um 20.00 Uhr beginnt, oder ob das neue Diensttelefon mit Schnur oder kabellos sein soll ...

> *im gleichen Maß wie der Ärger übereinander zunimmt, nimmt die Liebe ab.*

Wenn über solche Dinge lange gestritten wird, stehen in der Regel zwischenmenschliche Schwierigkeiten, Rechthaberei, Ansehen und Machthunger dahinter. Das gilt natürlich genauso für theologisch-geistliche Fragen. Keiner will nachgeben und die Gemüter erhitzen sich, und im gleichen Maß wie der Ärger übereinander zunimmt, nimmt die Liebe ab.

Jeder auf seine Weise

Druck erzeugt Gegendruck. Zunächst ist also festzustellen, dass Druck eine Reaktion hervorruft, offen oder versteckt. Jede Aktion führt zu einer Reaktion. Diese aber ist auch bei identischer Ausgangslage nicht bei allen Menschen gleich. Jeder ist ein Original:
– Was den einen nervt, lässt den anderen kalt.
– Wo der eine unverzüglich an die Arbeit geht, fängt der andere an zu lamentieren.
– Was der eine problemlos auf die Reihe kriegt, überfordert einen anderen.
– Wo der eine geistlich denkt, droht ein anderer mit dem Arbeitsgericht.
– Während der eine sich loyal verhält, fällt der andere dem Leiter in den Rücken.

Unser Leben spielt sich in einer Wechselwirkung von drei Polen ab. Wir können uns das wie ein Dreieck mit drei Spitzen vorstellen: Die eine Spitze steht für das Umfeld, in das wir hineingeboren sind und leben. Denn es ist ein Unterschied, ob wir in Deutschland oder in Kenia leben. Ob wir in einer Kirche zu Hause sind oder in einem säkularen Umfeld. Zu unserem Umfeld gehören Familie und Schule, Freund und Feind, Armut oder Reichtum, unsere Lebensumstände schlechthin, ob sie uns erfreuen oder belasten. Darin leben wir.

Und wer sind wir selbst? Das führt uns zur zweiten Spitze. Der eine ist männlich, die andere weiblich. Erst sind wir jung, später alt. Gesund oder krank, mit allem, was körperlich dazu gehört, auch mit unserem genetischen Startkapital. Es hat mit unserem Charakter zu tun, mit unserer Intelligenz, mit unserem Lebensstil. Mit allem, was zu uns als Person gehört. Denn das sind wir in unserer Originalität, mit unserer besonderen Art der Wahrnehmung und der Kommunikation, die zum Beispiel bei dem einem stärker von Gefühlen, bei dem anderen von Fakten bestimmt ist. Und es geht um unsere unverwechselbare Biographie, also um alles, was im Laufe des Lebens in unserem Gehirn abgespeichert ist und uns zu dem gemacht hat, was wir heute sind. Unser Fingerabdruck, der genetische Code oder der unverwechselbare Blick in unser Auge offenbaren, dass es jeden von uns nur einmal auf der Welt gibt. Darum gibt es keine identische Ausgangslage, weil wir als Individuen immer das Einmalige und Besondere einbringen. Zwar können sich drei Freunde im Theater das gleiche Stück ansehen, aber vielleicht ist nur einer begeistert und applaudiert stürmisch, der andere hat sich eher gelangweilt und der dritte findet zu dieser Art Kunst überhaupt keinen Zugang.

Damit sind wir bei der dritten Spitze des Dreiecks mit seinen Wechselwirkungen: Was wir erleben, fordert jeden zu (s)einer Reaktion heraus. Das zeigt sich in unseren Gedanken und Gefühlen ebenso wie im Handeln oder Nichtstun. So verhalten sich nicht alle Väter und Mütter bei der Elternbeiratssitzung gleich, wenn der Vorsitzende sehr dominant auftritt und über Nichtanwesende schlecht redet. Einer sagt: »Das ist unmöglich!«, der andere meint: »Das musste mal sein«. Geben wir Zwillingen das gleiche Taschengeld, bedankt sich der eine zufrieden und der andere fragt, ob das schon alles ist.

Mal freut sich der eine, dann jammert der andere. Jeder auf seine Weise. Aber vielen ist daran gelegen, diese Rollen baldmöglichst zu tauschen.

Auch im christlichen Umfeld haben wir es immer mit unterschiedlichen Reaktionen bei scheinbar gleicher Ausgangslage zu tun. Zum Stein des Anstoßes werden immer wieder mal Lieder, seien es die alten Choräle oder neue Anbetungslieder. Mal freut sich der eine, dann jammert der andere. Jeder auf seine Weise. Aber vielen ist daran gelegen, diese Rollen baldmöglichst zu tauschen.

Alles mit sich machen lassen?

Alles, also nicht nur als Druck erlebtes Verhalten eines Mitmenschen, ruft eine Reaktion hervor. »Komm sofort hierher!«, ruft die Mutter. Der eine kommt, der andere nicht. Der erste springt, sobald einer pfeift. Er wehrt sich nicht und sieht auch gar nicht ein, warum er nicht kommen sollte. Der zweite wehrt sich und entscheidet sich für ein Nein. Aus Angst. Aus Bequemlichkeit. Und manchmal, um den eigenen Vorteil zu sichern. Auch in der christlichen Gemeinde spielt mancher einfach mit und unterstützt damit Machtmenschen. Das geht im schlimmsten Fall bis zur Hörigkeit, auch in geistlichen Dingen. Das Problem ist Unmündigkeit.

> Auch in der christlichen Gemeinde spielt mancher einfach mit und unterstützt damit Machtmenschen.

Von den Christen in Korinth muss Paulus das leider sagen: »Ihr duldet es, wenn euch jemand unterdrückt, euch ausbeutet und einfängt, euch verachtet und ins Gesicht schlägt« (2. Korinther 11,20, *Gute Nachricht Bibel*). »Ertragen« ist in diesem Fall nicht positiv gemeint, denn von selbst ernannten falschen Aposteln haben sich die Christen in Korinth viel zu viel gefallen lassen. Gutgläubig, unkritisch, aus falschem Demutsverständnis machten sie sich klein, sodass Machtmenschen groß auftreten und die Korinther »aufzehren, fressen« konnten. Eine kaum zu durchschauende Gefahr, weil sie von innen, aus dem eigenen geistlichen Umfeld kam. Mit Irrlehrern »von außen« wird man in der Regel leichter fertig, weil die Fronten klar sind. Eine Schande für die Gemeinde, so kommentiert Paulus ihr unmündiges Verhalten, das auch auf ihn als ihren geistlichen Vater zurückfällt.

Wenn wir Druck wahrnehmen und uns das ängstigt oder ärgert, dann wehren wir uns. Letztlich ist alles eine Form von Gegendruck, der sich zumindest in innerer Rebellion äußert. Und die kann sehr massiv und »erdrückend« sein.

Unter der Oberfläche brodelt es

Denken Sie an den guten alten Dampfkessel, der bei Oma auf dem Herd stand. Hitze bringt nicht nur Wasser zum Kochen, auch Menschen. In ihren Gedanken und Gefühlen rumort es dann und sie fressen diesen Ärger vielfach in sich hinein, weil sie sich nicht in der Lage sehen, etwas dagegen zu unternehmen. Dass Druck, der sich nach innen kehrt, bei zunehmender Intensität zu Krankheit und zu selbstzerstörerischen Tendenzen führen kann, betrachten wir noch genauer. Darüber hinaus zerstört dieser Innendruck auf Dauer das Selbstwertgefühl, mit weitreichenden Konsequenzen für Leben und Glauben.

Selbstgespräche

»Interessante Selbstgespräche setzen einen klugen Partner voraus.« Der Satz gefällt mir. Man kann darüber schmunzeln, denn ein gewisses Maß an positiver Selbsteinschätzung steckt dahinter. Es ist keine Schande, mit sich selbst zu reden, sondern normal. Denn im Stillen, in Gedanken, tut es jeder. Ob man dann den Mund aufmacht und laut hörbar mit sich redet, ist nur eine kleine Nuance des Ganzen.

Mancher redet mit sich selbst, weil ihm das Gegenüber fehlt. Da ist niemand, der zuhört und mitredet, der Interesse zeigt und mit dem man diskutieren kann. Mancher redet gerade in beängstigenden Situationen mit sich selbst, um sich Mut zuzusprechen. Das ist mit dem Pfeifen oder Singen im dunklen Wald oder Keller zu vergleichen. Man schafft sich selbst eine Geräuschkulisse, als ob man doch nicht alleine wäre.

Und wer redet noch mit sich selbst? Der Unzufriedene, der sich und sein Verhalten monologisch kommentiert. Ich will das durch Beispiele deutlich machen. Dabei fällt auf, dass die meisten der so genannten Ich-Botschaften, um die es sich letztlich handelt, eine negative Ausgangssituation haben.

»Ich Blödmann« oder »ich Dummkopf«, sagt jemand von sich. Vermutlich hat jeder schon mal so mit sich geschimpft. Es ist eine Kurzbotschaft an sich selbst.

»Dann macht euren Kram doch alleine, mit mir jedenfalls nicht mehr.« Als Gerhard diese Worte sagte, war sein Arbeitskollege längst aus dem Zimmer. Auch das ist also eine Ich-Botschaft. »Ich lass das mit mir nicht mehr machen.« Und weil es eindrücklicher sein kann, als es nur zu denken, hat Gerhard es laut für sich ausgesprochen.

»Keiner mag mich, alle sind gegen mich«, mit diesen Gedanken meldet sich das Selbstmitleid zu Wort.

Im Selbstgespräch hören wir unsere Dialogstimme.

Man kann sich richtig hineinsteigern in diese negative Sicht über sich selbst. »Keiner sieht, wie ich mich abmühe, nie wird mir gedankt, weil man mir nichts zutraut. Immer sind die anderen besser« usw. Was ist das anderes als ein stiller Monolog, genauer: ein stiller Dialog mit sich selbst. Im Selbstgespräch hören wir unsere Dialogstimme.

Übrigens ist auch das Tagebuch eine Form des Selbstgespräches. Manche Menschen nutzen diese Art der Reflexion auch als Gebet: Was man aufschreibt, sagt man Gott. Als mir vor einiger Zeit zum Beten die Worte fehlten, habe ich etwas aufgeschrieben und Gott danach gesagt: »Herr, du darfst es lesen.«

Selbstgespräche finden sich auch in der Bibel. Der so genannte reiche Kornbauer führt einen Dialog mit sich (Lukas 12). In Lukas 15 ist vom verlorenen Sohn die Rede. Als der sein Geld verprasst hatte und als Schweinehirte jobbte, »ging er in sich« und sagte: »Ich will zu meinem Vater gehen und zu ihm sagen: Vater, ich bin vor Gott und vor dir schuldig geworden«. Vielleicht möchten Sie nach weiteren Beispielen in der Bibel suchen. Selbstgespräche werden dort oft umschrieben als »Reden im Herzen«. In Psalm 4,5 findet sich eine direkte Aufforderung zum stillen Gespräch mit sich selbst: »Zürnet ihr, so sündiget nicht; redet in eurem Herzen auf eurem Lager und seid stille.«

»Interessante Selbstgespräche setzen einen klugen Partner voraus.« Das bedeutet, dass es nicht um sinnloses Geschwätz einer naiven Person geht, sondern dass das Reden mit sich selbst eine Bedeutung hat.

Denken wir an die vorhin erwähnten Ich-Botschaften: »Ich Dummkopf«, »macht euren Kram allein«, »keiner mag mich«. Es sind gefühlsbeladene Momente, in denen diese Gedanken aufkommen und schließlich geäußert werden. Und weil es meist negative Botschaften sind, mit denen man sich selbst sabotiert, ist es hilfreich unsere Selbstgespräche abzuhören wie ein Tonband, sie geistig laut zu stellen.

In solchen Selbstaussagen entdecken wir ein System von negativen Gedanken und Meinungen über sich selbst. Das ist aber nicht nur ein so genanntes Selbstkonzept, über das man mal heimlich nachdenkt, sondern es ist die kognitive Komponente unseres Lebensstils. *Wer so denkt, lebt auch so.* Negative Gedanken führen in einen negativen Kreislauf, denn sie bleiben ja nicht im Inneren. Wir sind nicht auf Dauer in der Lage, negative Gedanken zu verdrängen und gleichzeitig nach außen hin fröhlich und freundlich zu sein. Es liegt also auf der Hand, dass irgendwann mit dem anderen abgerechnet wird (auf Rache kommen wir später noch zu sprechen ...). Irgendwann, denn zunächst einmal reden wir ja nur mit uns selbst oder nur fiktiv, also gedanklich mit dem anderen.

Warum führen wir fiktive Gespräche? Angst vor der realen Begegnung ist sicherlich ein wichtiger Grund. Angst, dem oder der anderen nicht gewachsen zu sein. Angst davor, dass mehr als negative Gedanken über andere entstehen. Vielleicht auch die falsche Annahme, dass wir ja doch für alles verantwortlich sind.

Es ist deutlich geworden, dass viele Selbstgespräche mit Selbstmitleid zu tun haben. Der Vorteil ist, dass niemand zuhört. Ich kann also ungehemmt über mich und andere schimpfen, mich hineinsteigern und meinen Gefühlen freien Lauf lassen. Aus dem Selbstmitleid heraus wird so geschossen. Man knöpft sich den anderen geradezu vor. Wenn das keine Macht ist! *Bitte hören Sie hin, was Sie sich manchmal selbst zu sagen und zu klagen haben. Und beobachten Sie, wie das auf Ihr Verhalten abfärbt. Erinnern Sie sich an Ihr letztes Selbstgespräch?* Vielleicht war es ja ganz positiv: »Ich schaff das schon.« »Ich lass mich nicht unterkriegen.« »Ich werde mich entschuldigen.«

> Bitte hören Sie hin, was Sie sich manchmal selbst zu sagen und zu klagen haben. Und beobachten Sie, wie das auf Ihr Verhalten abfärbt. Erinnern Sie sich an Ihr letztes Selbstgespräch?

Ein Schnitt in die Haut – Einschnitt in die Seele

Mareike ist 16, ein stilles, liebenswertes Mädchen. Seit einiger Zeit beobachten die Eltern wunde, aufgescheuerte Hautpartien an ihrem Arm. Erst dachten sie an eine Allergie, aber dann kamen Schnittverletzungen hinzu.

Das »Ritzen« oder »Schnippeln«, wie diese gegen sich selbst gerichtete Form der Aggression (Autoaggression) genannt wird, kommt meist bei jungen Mädchen vor. Jungs stechen sich eher eine Sicherheitsnadel durch die Haut oder unterziehen sich einer schmerzhaften Tätowierung (die nicht nur als Mode einzustufen ist). Andere schlagen ihren Kopf so lange gegen die Wand, bis sie bluten. Nägelkauen ist Aggression am eigenen Körper. Auch Suchtverhalten ist dazu zu zählen. Oder wenn sich jemand alle Freuden des Lebens selbst verbietet. Selbsthass und Masochismus sind ebenso zu nennen wie die äußerste Zuspitzung im Suizid.

Aber warum gegen sich selbst? Die Selbstaggression ist Ausdruck gehemmter oder verdrängter Außenaggression. Sie wird als »kurzfristige Frustriertheitsfolge«, als unmittelbar ablaufende Reaktion, als aktive Auseinandersetzung bezeichnet. Aktiv, aber leider nicht konstruktiv. Menschen richten ihre Wut gegen sich selbst,
– wenn und weil ihnen der Mut fehlt, dem Urheber eines Problems zu schaden,
– weil sie diesen Menschen trotz allem lieben und nicht verletzen möchten,
– weil sich Erwartungen, auch eigene, nicht erfüllt haben,
– um zu vergessen und vor der Realität zu fliehen,
– um sich zu spüren, »wenn sonst schon alles so tot ist« und das Leben emotionslos abläuft,
– um wenigstens einmal Macht über sich zu haben, statt immer nur tun zu müssen, was andere sagen.

Seelische Ursachen liegen zugrunde, wenn sich nach außen, also eigentlich gegen andere Menschen gewandte Aggression nach innen richtet und zur Selbstschädigung führt. Das können schulische oder berufliche Misserfolge und Ängste sein oder Konflikte mit Eltern oder Freunden. Das stille Leiden unter dominanten Menschen ist ein Auslöser. Das Selbstwertgefühl bekommt einen Knacks. Mancher hat den Eindruck, nicht geliebt zu sein und überall zu stören. Also zieht man sich zurück. Dies kann man ebenso beobachten wie Antriebslosigkeit, In-sich-gekehrt-Sein oder Sucht- bzw. Fluchtverhalten. Die körperlichen Symptome, etwa Schnittverletzungen, werden versteckt, sind aber zugleich Hilferufe einer verletzten Seele.

Seelische Wunden heilen schwerer als ein Stückchen Haut.

Seelische Wunden heilen schwerer als ein Stückchen Haut. Darum sind vertrauensvolle Bezugspersonen wichtig, weil sie zuhören, nichts fordern und nicht verurteilen, sondern als Mensch da sind und vermitteln, dass der andere liebenswert ist. Ziel ist, die Ursachen der Autoaggression aufzudecken, Lösungen für Konflikte zu besprechen und möglicherweise gemeinsam umzusetzen sowie zu einem gesunden Selbstwertgefühl beizutragen. Hierbei kann die Hilfe durch Psychologen, Therapeuten, Ärzte oder Seelsorger – je nach Situation und Schwere – notwendig sein. Oft genügt aber auch jemand, der die Signale nicht übersieht, sondern ernst nimmt und handelt.

Übertragung auf Dritte

Marlies ist eigentlich zufrieden. Auch nach 28 Jahren ist sie mit ihrem Mann glücklich. Er hat ihr damals geholfen, sich von daheim zu lösen, was überaus kompliziert und angstbesetzt war. Ihr Vater war ein Macho, der seine Machtgelüste an seiner Frau und den Kindern ausgelebt hat. Sie hat keine guten Erinnerungen an ihn und weicht ihm seit Jahren aus, wann immer es geht. Aber seit zwei Jahren begegnet sie ihm in ihrem Schwiegersohn wieder. Dass beide Peter heißen, ist noch das kleinste Problem. Ihr Schwiegersohn lacht wie ihr Vater, irgendwie hämisch. Er lässt seine Frau, Marlies' Tochter, genauso nach seiner Pfeife tanzen. Viele schlaflose Nächte hat sie hinter sich. Und in jeder Nacht verfestigt sich die Übertragung. Sie hasst ihren Schwiegersohn. Wie ihren Vater. Sie lehnt ihn ab. Wie ihren Vater. Und die Tochter versteht die Welt nicht mehr: »Warum ist Mama so kalt gegen Peter? Warum kommt sie nicht mehr zu Besuch, wenn Peter auch daheim ist?«

> *In der Übertragung werden vergangene Erfahrungen wie eine Schablone auf gegenwärtige Beziehungen gelegt.*

In der Übertragung werden vergangene Erfahrungen wie eine Schablone auf gegenwärtige Beziehungen gelegt. Denn eine solche Übertragung ist der leichtere Weg, leichter als die

Aufarbeitung der tatsächlich und ursächlich gestörten Beziehung. Ihrem Schwiegersohn kann Marlies begegnen und lässt ihn die Ablehnung und den Hass spüren, der eigentlich ihrem Vater gilt. Dem aber weicht sie weiterhin aus, denn seiner Macht wäre sie auch heute noch nicht gewachsen.

Eine Übertragung ist eine erfolgreiche Verdrängung als Hilfe gegen neue Verletzungen.

Eine Übertragung ist eine erfolgreiche Verdrängung als Hilfe gegen neue Verletzungen. Hass auf Männer entlädt sich an irgendeinem Mann. Enttäuschungen über die Amtskirche bekommt der Pfarrer massiv zu spüren. Eine schlechte Erfahrung mit Ausländern überträgt sich auf den Türken nebenan und zusätzlich auf alle seine Landsleute. Defizitäre Erlebnisse aus der eigenen Kindheit greifen über auf den Ehepartner und überfordern ihn. In der Übertragung liegt viel Machtpotenzial.

So auch bei Paul-Gerhard, der kein gutes Haar an den Pastoren seiner Gemeinde lässt. Schon viele Jahre schleppt er ein altes Trauma in seinem Seelenrucksack mit sich herum. Damals, als er noch die Leitung des Jugendchores innehatte, kam es zum Eklat. »Aufgrund seiner persönlichen Umstände«, so hatte der Pastor vor der Gemeindeversammlung formuliert, »sehe ich mich nicht in der Lage, Paul-Gerhard weiter in seinem Amt zu belassen. Wenn die Dinge später mal geklärt sind ...« Paul-Gerhard hatte Fehler gemacht, aber diese Bloßstellung und Entmachtung konnte er nie verzeihen. Dass ein Pastor das so durchsetzen kann, macht ihm deshalb Angst. Und so bekämpft er aufgrund seines gekränkten Stolzes und der Angst jeden Pastor, der seitdem in dieser Gemeinde tätig ist.

Suche nach Verbündeten

Irgendwie ist er fies, der neue Lehrer. Hanne kriegt bei ihm keinen Fuß auf den Boden, sie hat keine Chance. Er hat sie auf dem Kieker. Nur weil sie ihm sehr deutlich zu verstehen gegeben hat, dass er sie nicht mehr so anstarren soll. Sorgfältiger als früher wählt sie ihre Kleidung aus, längst nicht mehr so freizügig, wie sie es gelegentlich gewagt hat. Aber sie hat ihn vor der Klasse zurechtgewiesen, und dass lässt er nicht auf sich sitzen. Seit diesem Tag schikaniert er sie, wo es nur geht. Hanne fühlt sich ausgeliefert und machtlos. Er sitzt ja am längeren Hebel.

Lehrer haben auch heute noch viel Macht. Hanne sucht Unterstützung bei den anderen. Da sie viele Freunde und Freundinnen hat, ist das nicht besonders schwierig. Aber sie hilft noch etwas nach, übertreibt, bauscht auf, lässt ein paar Unwahrheiten einfließen, bis die anderen sehr empört auf ihrer Seite stehen. Nun dreht die Klasse den Spieß um. Plötzlich wird der Lehrer zum einsamen Kämpfer. Und er greift zur gleichen Taktik. Um nicht am Ende noch den Elternbeirat oder eine Klage am Hals zu haben, sucht er nun Verbündete im Kollegium, denn gemeinsam ist man stark. Manchmal führt dies in einen wahren Teufelskreis der Eskalation. Das englische Wort *escalator* heißt Rolltreppe. Unaufhörlich befördert sie Menschen. Eskalation fördert den Machtkampf ohne Ende.

»Geht es dir auch so, dass seine Predigten dir nichts mehr zu sagen haben?« »Bist du auch der Meinung, dass Marita nicht die Richtige für den sonntäglichen Begrüßungsdienst ist?« »Hast du nicht auch in der letzten Mitarbeiterbesprechung gesagt, dass ich das lieber machen soll?« »Wir sollten was dagegen tun, dass bei uns immer nur die lahmen alten Lieder gesungen werden.«

So sucht man Verbündete, Mitstreiter, moralische Unterstützung. Es ist offensichtlich, dass hier manipuliert wird. Aus einer Meinung werden zwei, drei, viele. Was einer nicht schafft, weil er dazu keine Macht hat, können mehrere leichter erzwingen. So entwickeln sich oft unterschwellige Strukturen, die mit aller Macht ans Ziel wollen. Fronten verhärten sich. Die Bösen sind immer die anderen. Und nicht selten hat man am Ende vergessen, worum es ursprünglich ging, denn man hat die sachliche Ebene längst verlassen und kämpft auf der persönlichen Schiene.

Was einer nicht schafft, weil er dazu keine Macht hat, können mehrere leichter erzwingen.

Flucht auf andere Kampfplätze

Roswitha hat Krach mit ihrem Mann. Er wirft ihr wieder mal vor, sich politisch nicht zu interessieren. Fast hat sie den Eindruck, er würde sich ihrer schämen. Ja, sie hat an der Kommunalwahl letzten Sonntag wieder nicht teilgenommen. Aber sie weiß wirklich nicht, wem sie ihre Stimme geben soll. Jens dagegen war schon immer politisch engagiert. Früher, als Verliebte, haben sie einander damit in Ruhe gelassen. Massive Vorwürfe vom schlechten Vorbild für die Kinder bis zur gesellschaftlichen Gleichgültigkeit prasseln heute auf Roswitha nieder. Sie schweigt, denn sie weiß ja, dass ihr Mann in gewisser Weise Recht hat. Aber so lässt sie nun doch nicht mit sich umgehen. Ihr Ärger steigt, und dann platzt sie heraus: »Du wirfst mir vor, ich würde mich für die Gesellschaft und den Frieden nicht interessieren und engagieren. Ich will dir mal was sagen: Wie du dich hier zu Hause aus allem raushältst, das ist weit schlimmer! Die Gesellschaft braucht zuerst funktionierende Familien. Hast du gestern ein klärendes Wort gesagt, als Heiko und Maja sich gezofft haben? Nein, du bist in dein Büro gegangen. Wie immer. Brüll hier also nicht so herum, und kümmere dich um deine Kinder. Danach kannst du gerne wiederkommen und mir was von politischer Verantwortung erzählen.« Sie verlässt die Küche und knallt die Tür zu. Jens ist geladen, aber still. Er weiß, dass sie Recht hat. Die eigentliche Thematik bleibt ungeklärt, die hat Roswitha geschickt umgangen und ihren Mann auf den Kampfplatz geführt, an dem sie stärker ist. 1:0! Ein klarer Punktsieg für sie.

1:0 auch in der Kirchengemeinde. Als es mal wieder um die strittige Frage geht, ob der Gemeindebrief internen Charakter haben oder auch als missionarisches Werbemittel eingesetzt werden soll, entbrennt ein alter Kampf. Schnell liegen sich die Kontrahenten in den Haaren. Ein Wort jagt das andere, es geht inzwischen um reinen Machterhalt. Die ursprünglich wichtige Sachfrage wird umgangen. Man kann sich des Eindrucks nicht erwehren, als hätte der eine nur das alte Reizthema als Aufhänger gesucht, um mal wieder Dampf abzulassen. Denn auf diesem Schauplatz fühlt er sich überlegen. Solange er hier Stimmung macht, lenkt das von den Vorwürfen ab, die man neulich gegen ihn erhoben hat. So einfach ist das.

> *Die ursprünglich wichtige Sachfrage wird umgangen.*

Eigenverantwortlichkeit oder Individualismus

Um Missverständnisse zu vermeiden: Dieser Aspekt ist nicht mit der an anderer Stelle beschriebenen Originalität und individuellen Reaktion zu verwechseln. Individualität und Individualismus sind unbedingt zu unterscheiden.

Fredi hat seinen Dickkopf. Natürlich könnte man ihn auch liebevoll als einen Menschen mit starker Persönlichkeit beschreiben; einen Mann, der weiß, was er will. Nur keine Ordnungen oder Gesetze. Jeder, der ihm sagen will, was jetzt zu tun wäre, etwa aus Rücksicht auf andere, bekommt Fredis Dickkopf zu spüren. Er akzeptiert keine Regeln, es sei denn, er hat sie selbst aufgestellt. Gegen jede Art der Bevormundung wehrt er

> *Individualität und Individualismus sind unbedingt zu unterscheiden.*

sich. Macht löst böse Erinnerungen in ihm aus, dann steht ihm der Schweiß auf der Stirn und seine Kindheit zu Beginn des Zweiten Weltkrieges vor Augen. Ein böser Traum. Es wundert niemanden, dass Fredi mit Behörden und Nachbarn im Streit liegt. Aus dem Vorstand der Sportschützen hat man ihn vor Jahren abgewählt. In der Firma schmückten Abmahnungen seine Personalakte. Alle Hoffnungen, dass er als Rentner ruhiger oder verträglicher würde, sind wie Seifenblasen zerplatzt. Fredi ist sein eigener Herr. Nur so erreicht er, dass ihn seine Vergangenheit nicht wieder einholt.

»Typisch christliche« Beispiele gibt es dazu auch. Jeder Seelsorger weiß davon ein Lied zu singen. Der Individualismus ist in der Theologie eine echte Herausforderung geworden. Natürlich geht es nicht darum, falsche Abhängigkeiten oder Duckmäusertum zu fördern. Aber ein Individualismus, der sich zur Wahrung der eigenen Interessen leichtfertig über Ordnungen hinwegsetzt oder das Wort Gottes nach eigenem Belieben zurechtbiegt, darf nicht einfach achselzuckend hingenommen werden. Seelsorger können nicht helfen, wenn der andere »alles nur mit seinem Herrn ausmacht«. Dabei wird die Gemeinde und Gemeinschaft, in die Christus uns gestellt hat, missachtet. Und so wird der Herr der Gemeinde missachtet, obwohl man doch vehement das Gegenteil behauptet. Fromme Worte allein sind aber kein Beweis für geistliche Prozesse.

> *Fromme Worte allein sind aber kein Beweis für geistliche Prozesse.*

Anbindung an höchste Autorität

Bei jedem Bibelquiz belegt sie einen der vorderen Plätze. Marianne kennt sich aus, hat auf der Festplatte ihres Gehirns viel Wissen abgespeichert. Eine wandelnde Konkordanz, scherzen manche in der Gemeinde. Das hilft ihr, denn wie beim Computer kann sie abrufen, was gebraucht wird. Worte zum Dienst der Ältesten – sie hat sie parat. Zur Wiederkunft Jesu Christi – Marianne weiß, was dazu in der Bibel steht. Christ und Politik – sie kann es abrufen, natürlich mit Belegen. Das ist soweit sehr löblich. Aber Marianne hat schon manchen abblitzen lassen oder ihm den Wind aus den Segeln genommen. Sie selbst kommt in Diskussionen nicht vor, immer nur »das Wort«. Damit versucht sie sich zu schützen, denn sie meint die höchste Autorität auf ihrer Seite zu haben. Persönliche Schwäche, wenn es um einen eigenen Standpunkt und konsequentes Leben geht, versucht sie durch Kenntnis des Wortes Gottes wettzumachen.

> *Aber es gibt eine Bindung an Gott, die nichts anderes ist als Flucht vor seinen Ordnungen und vor Verantwortung.*

Was ist daran falsch? Wird nicht Sonntag für Sonntag gepredigt, dass Gott die wichtigste Rolle in unserem Leben spielen soll und es auf unbedingte Nachfolge ankommt? Schließlich kann man nicht halbherzig Christ sein, wie eine Sportart, zu der man mal Lust hat und in der nächsten Woche eben nicht. Stimmt. Aber es gibt eine Bindung an Gott, die nichts anderes ist als Flucht vor seinen Ordnungen und vor Verantwortung.

Ist Mariannes Bibelwissen also doch nur Schau, ein billiger Trick? Zumindest ist diese Art Bindung ein beliebter Abwehrmechanismus, wenn man auf konsequentes Christsein und Gehorsam angesprochen wird. Es gilt nicht mehr, was in der Gemeinschaft gilt, sondern was der Einzelne mit seinem Herrn ausmacht. Auch so kann man dem Einfluss anderer und ihrer Macht entgehen. Aber die Gemeinde trägt eine geistliche Verantwortung für ihre Mitglieder. Wer sich dem ohne nachvollziehbare Gründe entzieht, handelt ungeistlich und verantwortungslos.

Wenn sich der Körper wehrt

»Das ist mir auf den Magen geschlagen«, sagt Gabriele nach der Mitarbeiterbesprechung und muss schnell zur Toilette.

»Mir bleibt die Spucke weg«, kommentiert Joachim die Frechheiten seines pubertierenden Sohnes.

»Nachts kriege ich kein Auge zu mehr zu, liege stundenlang wach«, klagt Marita, weil sie sich so über die Einmischung ihrer Eltern in ihre Familie ärgert.

Und Robert sagt nichts. Es hat ihm »die Sprache verschlagen«.

Bei Cordula zeigt sich die innere Anspannung durch hohe Nervosität, sie kann nicht stillsitzen.

Martin bekommt feuchte Hände und einen knallroten Kopf, als er vor dem Kollegium etwas sagen soll.

Gerlinde ist in der Klinik; wieder eine Depression mit Selbstmordgedanken.

Claudia klagt seit Wochen über Kopfschmerzen. Liegt es an ihrem Mann? Macht er ihr zu viel Stress?

Tabea kaut wieder an ihren Fingernägeln. Welche Lebenslast drückt noch auf ihre Seele?

Simon nässt nachts ein, will nicht mehr zur Schule.

Manuel ist gerade aus dem Krankenhaus entlassen worden, er hatte Magengeschwüre.

Und Charlottes Kummerspeck wird immer dicker, weil sie ihren Frust ständig in sich hineinfrisst.

Das sind Beispiele für Menschen, die unter Druck geraten sind. *Unser Körper ist so etwas wie eine Bühne, auf der sich die Befindlichkeit eines Menschen darstellt. Die Organe sind die Schauspieler.* Wenn jemand seelisch aus dem Gleichgewicht gerät, wird sein Körper Signale, Symptome aussenden. Denn Gott hat uns als Einheit von Geist, Seele und Leib geschaffen.

»Wenn die Organe schreien.« »Wenn der Körper verrät, was der Seele fehlt.« »Die Geheimnisse der Organsprache.« Das sind nur einige Titel, mit denen versucht wird, den Zusammenhang von Seele (griech. *psyche*) und Körper (griech. *soma*) zu beschreiben. Als Psychosomatik ist das heute ein eigenständiger medizinischer Bereich, in dem verschiedenen Teilen des Körpers und unseres Verhaltens bestimmte Bedeutungen zugeordnet werden. Ich bin kein Mediziner, daher nenne ich nur einige Aspekte:

– Nägelkauen hat mit Aggression zu tun.
– Unser Gang, aufrecht oder gekrümmt, sagt etwas über unsere Lebenshaltung aus (aufrichtig, kriechend, belastet ...).
– Der Magen hat mit Gefühlen zu tun und auch im übertragenen Sinn mit unserer Aufnahmefähigkeit.
– Die Haut ist ein Kontaktorgan, sie dient aber auch der Abgrenzung.
– Die Lunge, das Atmen, signalisiert Freiheit oder Beklemmung, etwa bei Asthma.
– Das Sexualverhalten hat mit Macht oder Angst zu tun.
– Und unser Herz meldet sich bei angenehmen wie negativen Gefühlen.
– Die Mimik, unsere Gesichtsmuskeln, ersetzen die Sprache, wenn wir nichts mehr sagen können oder wollen.

Das sind Spielarten unseres Körpers mit einem weiten Spektrum von »normal« bis »krankhaft« (pathologisch). Heute geht man bei rund 40 Prozent der Patienten, die zum Arzt gehen, von seelischen Ursachen für ihre körperlichen Beschwerden aus. Wenn es so weit gekommen ist, ist es höchste Zeit,

– über die Ursache nachzudenken: Wann trat das Symptom zum ersten Mal auf? In welcher Situation? Wann häufen sich die Symptome? Woran hindert mich meine Krankheit? Wozu zwingt sie mich?

- Es ist genauso notwendig, sich medizinisch untersuchen zu lassen: Welches Steuerungsorgan meines Körpers reagiert? Das Zentralnervensystem (Gehirn, Rückenmark, Nervenbahnen), das vegetative Nervensystem (Steuerung unserer Organe und des Stoffwechsels usw.), das Immunsystem (geschwächtes Abwehrsystem?) oder das der so genannten inneren Sekretion (Drüsen, Hormone)?
- Schließlich geht es darum, angemessene Gegenmaßnahmen zu ergreifen. Dies betrifft die eigene Befindlichkeit, Psychosomatik, ebenso wie die auslösenden Faktoren, denn es nutzt wenig, wenn wir als »erneuerte« Menschen in die alten Verhältnisse, die uns krank gemacht haben, zurückkehren.

Ich empfehle Ihnen, anhand von Davids Erleben und dem von ihm verfassten Psalm 32 auch einmal über Schuldverstrickung und psychosomatische Leiden nachzudenken.

Ich empfehle Ihnen, anhand von Davids Erleben und dem von ihm verfassten Psalm 32 auch einmal über Schuldverstrickung und psychosomatische Leiden nachzudenken.

Die Angst der Christen vor den Christen

Das dürfte es doch gar nicht geben, oder? Aber in einigen Bereichen entdecke ich solche Ängste.

- *Vorurteile:* Vorurteile sind vorlaufende Urteile, und zwar so lange, bis sie bestätigt oder widerlegt sind. Und genau in dieser Vorlaufszeit machen sie uns schwer zu schaffen, blockieren und tun Unrecht. Genauer: *Wir* blockieren und tun Unrecht, denn Vorurteile entspringen unserem Denken und dem, was wir ungeprüft von anderen übernehmen. Wir glauben einander zu kennen und entwickeln daraus vorläufige Urteile. »Wenn ich mich so verhalte, wird der Pastor launisch reagieren.« »Wenn ich sage, was ich wirk-

lich denke, bin ich bei Herrn G. abgeschrieben.« Wir glauben uns zu kennen und spinnen uns etwas zusammen. Wir öffnen Schubladen und ordnen uns gegenseitig ein: Die Alten, die Jugend, die Türken, die Frauen, die Charismatiker, die Pastoren, die Ältesten, die ...
– *Schlechte Erfahrungen:* Manche Ängste entstehen gerade weil wir uns kennen gelernt haben. Unsere Beziehungen sind dann belastet. »Gebranntes Kind scheut das Feuer«, so heißt ein Sprichwort. Es ist die Angst, von dem einen wieder bloßgestellt und vom anderen unterdrückt zu werden. Angst vor Lieblosigkeit. Angst vor Lüge: »Wer einmal lügt, dem glaubt man nicht, auch wenn er jetzt die Wahrheit spricht.« Diese Redensart zeigt die nachhaltig belastende Wirkung schlechter Erfahrungen. Sie sind Altlasten für die Zukunft.
– *Ein falsches Bild von den »Heiligen«:* auch das kann Angst machen. Angst vor den ganz Frommen und scheinbar Vollkommenen. Angst vom eigenem Versagen zu erzählen. Angst in ihrem Ansehen zu sinken. Angst vor Unbarmherzigkeit. Angst davor, im Glauben fertig gemacht statt aufgebaut zu werden.
– *Individualismus:* Jeder ist sein eigener Herr, auch im geistlichen Bereich. Das löst bei manchen die Angst aus, dass doch jemand mitreden will und das eigene Königreich stört. Es hätte ja möglicherweise weitreichende Folgen, wenn uns jemand sagte: »Wie du dich verhältst oder denkst, das ist nicht in Ordnung. Du hast hier nicht alle Freiheiten, sondern auch Verantwortung für andere.«

Jesus sagt: »In der Welt habt ihr Angst; aber seid getrost, ich habe die Welt überwunden« (Johannes 16,33). Sicher hat er damals schon vorausgesehen, dass mancher auch in der Gemeinde Angst hat. Sein ermutigender Nachsatz gilt auch für diese Situation.

Falsche Demut oder: »Der unterste Weg«

Eben ging es um Angst. Mancher macht sich ganz klein, weil die anderen ja so groß sind. Schon wenn sie den Raum betreten, breitet sich eine beklemmende Stimmung aus. Wenn sie den Mund aufmachen, zuckt mancher schon zusammen. »Was kommt jetzt wieder, was habe ich diesmal falsch gemacht?« Solche Angst vor anderen, auch in der Gemeinde, hinterlässt Spuren. Und zwar Kriechspuren auf dem so genannten untersten Weg. Es handelt sich dabei nicht nur um die theologische Frage, was denn der »unterste Weg« ist, sondern auch um ein soziologisches Problem.

Aus Furcht, zu weit zu gehen, geht mancher nicht weit genug.

Indem Machtmenschen in der Gemeinde ihre Geschwister passiv und unselbstständig halten, bereiten sie den Nährboden für ihr eigenes Streben, denn ein Machtmensch kann seinen Willen nur dort entfalten, wo man ihn auch lässt. »Lass ihn doch machen«, kann ein bequemer Entschluss sein, er ist aber sehr oft falsch. Aus Furcht, zu weit zu gehen, geht mancher nicht weit genug und verharrt untätig und still in seiner Ecke. Christen mit dieser unwürdigen und unterwürfigen Demutshaltung bieten keinen ernst zu nehmenden Widerstand.

»Erhebt eure Häupter, weil sich eure Erlösung naht« (Lukas 21,28). Wir sind geadelt durch Gott, den himmlischen König. Geliebt bis zum stellvertretenden Tod Jesu Christi. Mehr geht nicht. Kein Grund also, in falscher Demut zu kriechen. Auch nicht vor Menschen. Ich bin sicher, dass Christen dadurch viel von ihrer Achtung in der Gesellschaft eingebüßt haben. Wer immer nur den »untersten« Weg geht, erweckt den Eindruck, sich selbst völlig aufgegeben zu haben. Nicht selten aber strotzt gerade dieser Lebensstil vor selbstherrlicher Frömmigkeit und pharisäischem Schauspiel. Oft kommt Hochmut im Gewand der Demut daher.

Sehen wir uns das einmal näher an. Wie ist das mit dem schmalen oder »untersten« Weg? Jesus Christus beschreibt zwei Wege (Matthäus 7,13f): den schmalen Weg, der zum Leben führt, und den breiten Weg derer, die kein Interesse an Gott haben und verloren sind. Der schmale Weg erfordert Konzentration. Dieser Weg zum Leben ist bewusste Jesus-Nachfolge, die ihren Preis hat. Man kann nicht alles mitnehmen. Das kann mühsam sein. Dieser Weg fordert Konzentration und Hingabe. Christsein hatte nicht nur damals mit Spott und Verfolgung zu tun. Der schmale Weg ist nicht ohne.

Trotzdem beschreibt Jesus hier nicht ein Prinzip, das Christen dazu verdonnern würde, immer die schwersten oder »untersten« Wege zu gehen. Dann wäre das Evangelium keine frohe Botschaft mehr. Gott spricht von Reichtum, von Leben und voller Genüge, von Freiheit und Hoffnung, von Bewahrung und Führung, von Freude und Segen. Und das alles auf dem schmalen Weg! Ich kenne schmale Wege, die wunderschön sind und die zu gehen Freude macht. Und ich kenne breite Straßen, die keinen Reiz haben. Der breite Weg ohne Gott ist ohnehin keine Alternative. Asaph in Psalm 73 oder auch Petrus bezeugen das ganz klar: »Herr, zu wem sonst sollten wir gehen? Deine Worte bringen das ewige Leben. Wir glauben und wissen, dass du der bist, in dem Gott uns begegnet« (Johannes 6,68f, *Gute Nachricht Bibel*).

> Es ist theologisch unhaltbar, alle Widrigkeiten des Lebens einschließlich derer in der Gemeinde als »Kreuz« zu bezeichnen, das es um Christi willen zu tragen gelte.

Was sagen Bibeltexte wirklich? »Wer nicht sein Kreuz auf sich nimmt und mir auf meinem Weg folgt, ist es nicht wert, zu mir zu gehören. Wer sein Leben festhalten will, wird es verlieren. Wer es aber um meinetwillen verliert, wird es gewinnen« (Matthäus 10,38f, *Gute Nachricht Bibel*). Diese Worte Jesu werden oft missverstanden. Im Zusammenhang dieses Verses geht es um Entzweiung um Jesu willen und nicht um alle sonstigen Lebenssituationen. Es ist theologisch unhaltbar, alle Widrigkeiten des Lebens einschließlich derer in der Gemeinde als »Kreuz« zu bezeichnen, das es um Christi willen zu tragen gelte.

Was für ein negatives Gottesbild liegt zugrunde, wenn jemand glaubt, als Christ nicht einen Weg gehen zu dürfen, den er sich wünscht, der ihm gut tut, der unkompliziert ist und Freude macht! Da scheint dann wirklich nicht viel Glückseligkeit durch. Das hat auch nichts mit dem freiwilligen Verzicht auf einen Vorteil zu tun, der aus Liebe und Rücksicht an anderer Stelle durchaus gefordert sein kann. Und was für ein bedrückendes Gemeindeverständnis liegt zugrunde, wenn jemand glaubt, seine Meinung nicht sagen zu können und zu dürfen. »Ich habe nichts, ich kann nichts, ich bin nichts«, so denkt mancher wirklich und glaubt es auch noch. Also lebt man auch so und straft Gott Lügen.

Eine Dame schrieb mir, dass meine Aussage: »Gott freut sich, wenn es seinen Kindern, die er lieb hat, gut geht«, irreführende Wohlfühltheologie sei. Sie hatte zweifelsohne eine entsprechende Prägung bekommen, die sie zeitlebens als richtig und biblisch ansah. Als sie zum Glauben kam, hörte sie noch von einem »Demutsuntendurchweg«. Dieses Wort war mir trotz Studium ganz neu ...

»Druntenbleiben« hieß es für den Chorleiter, der kritische Anmerkungen machen wollte.

»Druntenbleiben« sagte der Älteste zu der Frau aus seiner Gemeinde, die ihm von ihrem gewalttätigen Ehemann erzählte.

»Druntenbleiben« hörte der Teenager, der auch gerne ein Handy haben wollte.

Demut ist im Neuen Testament etwas anderes. Dabei geht es nicht um unsere Einstellung oder Lebenshaltung, sondern um die Feststellung gegebener Tatsachen – und zwar aus Gottes Perspektive. Diese objektive Bedeutung im Unterschied zur subjektiven Selbstsicht betrifft alle Menschen in ihrer Stellung vor Gott. Anzuerkennen, dass wir erlösungsbedürftig sind, heißt demütig zu sein vor Gott. Auch bei den Worten Jesu aus Lukas 14,11 (»Denn alle, die sich selbst groß machen, werden von Gott gedemütigt, und alle, die sich selbst gering achten, werden von ihm zu Ehren gebracht«) und bei Paulus geht es darum, sich trotz aller menschlichen Stärke als »niedrig« vor Gott zu erkennen und daraus eine angemessene Haltung im Umgang miteinander einzunehmen. Die wiederum hat, so die Sprachforschung, als ursprünglichen Wortstamm mit Dienen zu tun, so dass manche auch von »Dienemut« sprechen.

Das gilt es zu unterscheiden, denn wer sich angesichts von Leitungsschwächen oder Machtmissbrauch gegen Verstand, Gefühl und Gottes Wort immer den schwierigen Weg (aus)sucht und überzeugt ist, dadurch besonders demütig und geistlich zu sein, der tritt statt in Segensspuren des liebenden Gottes womöglich in Fußangeln des Teufels, dessen Ziel es ist, den frohen Glauben unnötig zu belasten und die Gemeinschaft zu zerstören. Mit wirklicher Demut hat das nichts zu tun.

8. Biblisch-theologische Reflexion

Inzwischen sind wir mit der Frage nach Demut und Dienen längst bei der biblischen Reflexion angekommen. Weil einige Menschen Dienen mit Herrschaft oder Machtgebaren verwechseln, sie also den Spieß einfach umdrehen, ist ein Buch wie dieses überhaupt erst erforderlich. Darum an dieser Stelle einige Hinweise, die Sie mit einem biblisch-theologischen Wörterbuch vertiefen können.

– Jakobus schreibt, dass Glaube ohne Werke tot ist (Jakobus 2,14-17). Es ist die logische Konsequenz, dass Menschen, die ihre Erlösung begriffen und angenommen haben, nicht nur in die Nachfolge starten, sondern darin unterwegs sind und bleiben. Nachfolge ist kein Spaziergang nach unserem Gutdünken, sondern Arbeit, an die Christus uns stellt.
– Liebe ist das Motiv allen Dienstes (Galater 5,13f).
– Wir dienen Gott oder Jesus Christus. Aber immer auch den Menschen, wie Jesus in Matthäus 25,40 sagt.
– Jeder dient mit seiner Gabe bzw. seinen Gaben, so wie Gott es ihm überträgt (1. Petrus 4,10). Das schließt Alleinherrschaft aus, verbietet manche Besserwisserei und entzieht dem Neid die Grundlage. Andererseits gibt es so keine Ausrede für Faulheit oder Bequemlichkeit.
– Hingabe ist kein Job (Johannes 12,24-26), und Dienst schüttelt man nicht aus dem Ärmel, sonst wird's ärmlich.
– Wir sind hineingenommen in Gottes Wirken, wie in der Bibel nicht nur der Bericht vom Brotwunder (Markus 6,30-44) belegt.

Heijo Rieckmann, dessen drastische Ausführungen zum »Schweinehund« wir bereits kennen gelernt haben, meint zum Dienen: »Die Bibel sagt klar, dass wir nicht gleichzeitig

Gott und dem Mammon, dem Schweinehund, dem Menschenfeind, dem System ›Welt‹ und unserem Eigenleben dienen können. Das wäre sonst, als ob jemand Heroin nähme und zugleich eine Entziehungskur besucht.«

»Niemand kann zwei Herren zugleich dienen. Er wird den einen vernachlässigen und den andern bevorzugen. Er wird dem einen treu sein und den andern hintergehen. Ihr könnt nicht beiden zugleich dienen: Gott und dem Geld« (Matthäus 6,24; *Gute Nachricht Bibel*). Jesus wendet sich hier gegen das Aufhäufen von Geld, um sich ein sorgenfreies Leben zu sichern. Bereits am Anfang haben wir bemerkt, dass Geld, Macht und Sex die drei großen Fallen, die großen Versuchungen unserer Zeit sind. Betrachten wir die biblischen Grundlagen, um dadurch zu einer Bewertung der Macht kommen zu können.

»Nicht die Selbstdurchsetzung Gottes gegen den Menschen, sondern seine Zuwendung auch und gerade zu dem sich von ihm emanzipierenden Geschöpf ist der Sinn göttlicher Allmacht«.

Macht ist in der Bibel mehr als ein auf Gott bezogener Begriff, sie ist reales *Handeln*. Die Geschichte Israels spricht Bände. Gott erweist sich in alltäglichen und wunderbaren Taten als der Mächtige, der sein Volk durch dick und dünn führt. Sein Handeln ist mächtig, nicht nur in der Schöpfung. Seine Stimme, sein Wort ist »wie ein Hammer, der Felsen zerschmeißt« (Jeremia 23,29). Israel legt, gerade in den Psalmen, das Bekenntnis der großen, wunderbaren Taten Gottes in Schöpfung und Geschichte ab. Aber auch heidnische Völker nimmt er in seinen Dienst und beweist, dass er allein Gott ist.

»Nicht die Selbstdurchsetzung Gottes gegen den Menschen, sondern seine Zuwendung auch und gerade zu dem sich von ihm emanzipierenden Geschöpf ist der Sinn göttlicher Allmacht«, so der Theologe Wolfhart Pannenberg. Gottes Macht knechtet also nicht, sie ist kein Gegensatz zur Liebe, sondern Ausdruck davon, wie er letztlich in der Sendung und Hingabe seines Sohnes Jesus Christus unübertrefflich bewiesen hat.

Der göttlichen Macht steht bereits im 28. Vers der Bibel die den Menschen übertragene Macht gegenüber: »... füllet die Erde und machet sie euch untertan und herrschet über die Fische im Meer und über die Vögel unter dem Himmel und über das Vieh und über alles Getier, das auf Erden kriecht.« Gott beteiligt die Menschen an seiner Macht, denn: »Du hast ihn wenig niedriger gemacht als Gott, mit Ehre und Herrlichkeit hast du ihn gekrönt. Du hast ihn zum Herrn gemacht über deiner Hände Werk, alles hast du unter seine Füße getan« (Psalm 8,6f). Nur der Mensch selbst soll nicht Objekt der Unterwerfung sein: »Wer Menschenblut vergießt, dessen Blut soll auch durch Menschen vergossen werden; denn Gott hat den Menschen zu seinem Bilde gemacht« (1. Mose 9,6).

Die Auflehnung der Menschen gegen Gott besteht darin, dass sie die Grenzen ihrer Freiheit bzw. der ihnen verliehenen Machtausübung überschreiten. In den mahnenden Worten der Propheten wird das oft angeprangert. An der Geschichte der Menschheit können wir das bis heute ablesen.

Im Neuen Testament wird mit den Begriffen *dynamis* (Kraft) und *exousia* (Vollmacht) unterschieden. Sehr verkürzt gesagt: *Dynamis* ist das Vermögen physischer oder psychischer Kraft. *Exousia* beschreibt die innerhalb einer bestimmten Ordnung oder Situation gegebene Handlungsvollmacht.

Wenn Gott Vollmacht gibt, dann gibt er auch die erforderliche Macht (Kraft) dazu. Jesus Christus beweist seine göttliche Vollmacht (Sieg über Satan, Sündenvergebung, Lehre, Gottesoffenbarung, Freiheit zum Dienst statt Herrschergewalt) und Macht (er heilt und tut Wunder, treibt die Händler aus dem Tempel ...). Und er betet: »Vater, die Stunde ist da: verherrliche deinen Sohn, damit der Sohn dich verherrliche; denn du hast ihm Macht gegeben über alle Menschen, damit er das ewige Leben gebe allen, die du ihm gegeben hast« (Johannes 17,1f).

Ostern – im Licht dieses Christusgeschehens sind die Machtverhältnisse neu geordnet. Der Sieg Jesu über die Macht der Finsternis ist vollzogen. Das drückt sich nun auch in Machttaten durch die Jünger aus. Jesus überträgt ihnen Macht (Markus 3,15; 13,14ff; Lukas 10,19; Johannes 20,23). Sie sollen nicht nur Nachfolger sein, sondern werden selbst für würdig erachtet, »Botschafter an Christi statt« zu heißen (2. Korinther 5,20) und aus der empfangenen Vollmacht und Macht heraus in Wort und Tat zu wirken.

Dass dies nicht dem Selbstzweck dient, wird deutlich, wo das Neue Testament von politischer Macht spricht. Der Kaiser und die politischen Behörden werden anerkannt (Römer 13,1-7). Weil sie von Gott eingesetzt sind, haben sie sich an seinen Ordnungen zu orientieren. Gehorsam können diese Regierenden nur einfordern, wenn und weil sie selbst in dienender Funktion Gott gegenüberstehen.

In weltlichen Reichen strebt man nach Größe, Ansehen, Machterhalt und Zugewinn. Im Reich Gottes gelten andere Maßstäbe, und zwar nicht trotz der übertragenen Macht, sondern wegen unserer Teilhabe an göttlicher Vollmacht. Dies ist in den folgenden Aussagen erkennbar:

– Matthäus 5,3-10: Die »Seligpreisungen« Jesu in der Bergpredigt.
– Matthäus 19,14: »Lasset die Kinder und wehret ihnen nicht, zu mir zu kommen; denn solchen gehört das Himmelreich.«
– Matthäus 19,24: »Es ist leichter, dass ein Kamel durch ein Nadelöhr gehe, als dass ein Reicher ins Reich Gottes komme.«
– Matthäus 19,30: »Aber viele, die die Ersten sind, werden die Letzten und die Letzten werden die Ersten sein.«

- Matthäus 20,26: »... wer unter euch groß sein will, der sei euer Diener.«
- Römer 15,1: »Wir aber, die wir stark sind, sollen das Unvermögen der Schwachen tragen und nicht Gefallen an uns selber haben.«
- 1. Korinther 1,27: »... was schwach ist vor der Welt, das hat Gott erwählt, damit er zuschanden mache, was stark ist.«
- 2. Korinther 6,3-10: »Wir geben in nichts irgendeinen Anstoß, damit unser Amt nicht verlästert werde; sondern in allem erweisen wir uns als Diener Gottes: in großer Geduld, in Trübsalen, in Nöten, in Ängsten ... in Ehre und Schande ... als die Unbekannten und doch bekannt; als die Sterbenden, und siehe, wir leben; als die Gezüchtigten und doch nicht getötet; ... als die nichts haben und doch alles haben« (s. a. Philipper 4,12f).
- 2. Korinther 12,9: »Lass dir an meiner Gnade genügen, denn meine Kraft ist in den Schwachen mächtig.«
- 2. Korinther 13,4: »Denn wenn er auch gekreuzigt worden ist in Schwachheit, so lebt er doch in der Kraft Gottes. Und wenn wir auch schwach sind in ihm, so werden wir uns doch mit ihm lebendig erweisen an euch in der Kraft Gottes.«
- Philipper 2,3f *(Gute Nachricht Bibel):* »Handelt nicht aus Selbstsucht oder Eitelkeit! Seid bescheiden und achtet den Bruder oder die Schwester mehr als euch selbst. Denkt nicht an euren eigenen Vorteil, sondern an den der anderen, jeder und jede von euch!«

Forschen Sie mit Bibel und Konkordanz weiter, um zu entdecken, dass Nachfolge nicht immer mächtiges Auftreten ist, sondern Kreuzesnachfolge ist und bleibt. Oft wird sie in aller Schwachheit gelebt und ist doch zugleich der Weg echter »Königskinder«. Auch als solche fühlen wir uns manches Mal ohnmächtig und hilflos. Vielleicht brauchen wir das, um nicht zu vergessen, wer uns stark macht?

Wenn Horst Marquardt, der frühere Direktor des ERF, uns aus der Geschichte des Werkes erzählte, sagte er öfter: »Irgendetwas hat dem ERF immer gefehlt, entweder passende Räumlichkeiten oder Geld oder Mitarbeiter, um die viele Arbeit zu tun. Das hielt uns in guter Abhängigkeit von unserem Herrn.« Auch die »Macht« eines großen Missionswerkes in der christlichen Medienszene ist nicht zum Selbstzweck da, sondern zum Dienst für andere.

Forschen Sie mit Bibel und Konkordanz weiter, um zu entdecken, dass Nachfolge nicht immer mächtiges Auftreten ist, sondern Kreuzesnachfolge ist und bleibt.

Was ist unsere erste Identität?

Drei Steinmetze werden gefragt, was sie da gerade tun:
   »Ich behaue einen Stein.«
   »Ich fertige einen Fensterbogen.«
   »Ich baue eine Kathedrale.«

Unsere Einstellung zur Arbeit, natürlich auch zum geistlichen Dienst, ist wichtig. Ich bedaure jeden, der nur einen Stein behaut, und freue mich, wenn ein anderer einen größeren Horizont hat. Ja, und warum nicht sogar dick auftragen: »Ich baue eine Kathedrale.« Es weiß ja doch jeder, dass der kleine Steinmetz das nicht alleine kann.

Immerhin dürfen Christen so dick auftragen, dass sie sagen: Ich bin für Gott brauchbar; ich putze nicht nur die Kirchenbänke, sondern baue an meinem Platz mit am Reich Gottes. Mancher kommt dabei sehr ins Schwitzen, denn er tut vielleicht noch viel mehr, als der Bauherr ihm aufgetragen hat.

Wir ackern und rackern und rudern durchs Leben. Wir dienen, viele unter permanentem Stress – wobei sehr wohl zwischen positivem und negativem Stress zu unterscheiden ist, ohne Stress als Antrieb läuft ja wenig. Ohne uns, so denken wir manchmal, läuft auch nichts. Und so hängen wir uns ganz rein und sind entweder stolz, Gottes Mitarbeiter zu sein, oder wir jammern ihm auch mal die Ohren voll. Viele unserer Gedanken haben mit Dienst und Leistung zu tun, mit unserer *To-do*-Liste.

Unsere erste Identität als Christ ist aber nie der Mitarbeiterstatus, kein Mitarbeiterausweis, keine Anstecknadel, keine Ausbildung. Nicht einmal die Bibel neben dem Terminkalender identifiziert mich. Zuallererst sind wir Gottes geliebte und erlöste Kinder. Das ist unsere erste Identität. Das verbindet Leitende und Geleitete in der Gemeinde miteinander. Diese Art, unsere Gesinnung, ist wichtiger als die Arbeit. Zunächst sind wir Gottes Kinder, dann seine Mitarbeiter. Wo diese Reihenfolge vertauscht wird, setzt man sich selbst und andere unter Druck und fördert den ungesunden Gedanken: »Ohne mich läuft nichts«.

> *Zunächst sind wir Gottes Kinder, dann seine Mitarbeiter.*

Ich bin begnadigt und erlöst. Und Sie sind es hoffentlich auch. Und unsere Mitarbeiter sind nicht unsere Diener, sondern unsere Geschwister. Daran ändert auch die innergemeindliche »Hackordnung« nichts. Vergessen Sie nie Ihre erste Identität. Alles andere kommt danach.

Was macht dieser Gedanke mit Ihnen?

Macht – gut oder böse?

»Am Beispiel der politischen Macht tritt die Ambivalenz des Phänomens besonders deutlich vor Augen. Auf der einen Seite erscheint Macht um einer dauerhaften Friedensordnung innerhalb der Gesellschaften wie zwischen ihnen als notwendig; auf der anderen Seite verführt sie zu Missbrauch, Maßlosigkeit und Tyrannei.« »In der ökumenischen Diskussion antworten auf diese neue Situation unterschiedliche Konzepte: Auf der einen Seite wird im Rahmen eines messianischen Konzepts politischer Ethik Macht ohne Unterschied als böse qualifiziert, auf der anderen Seite wird die Frage nach der Lebensdienlichkeit der Macht neu gestellt. Sie lässt sich jedoch nur beantworten, wenn Klarheit über die entscheidenden Maßstäbe menschlichen Machtgebrauchs geschaffen wird« (Wolfgang Huber im Evangelischen Kirchenlexikon, Vandenhoeck & Ruprecht, Göttingen).

Ist Macht nun gut oder böse oder sogar beides? Und wann ist sie was? Um zu einer ethischen Bewertung von Macht zu kommen, muss also gefragt werden, welcher Wille sie steuert, was ihr Ziel ist und welche Mittel eingesetzt werden. Erst die Antwort auf diese drei Aspekte erlaubt eine ethische Qualifizierung von Macht: Welcher Wille will mit welchen Mitteln welches Ziel erreichen?

»Der selbstsüchtige Wille bildet sich ein, dass Macht nur erworben werden könne durch Gewalt. Entsteht sie nicht so, dass der Mächtige sein Recht durch die Entrechtung der anderen begründet, seine Freiheit durch ihre Knechtung erweitert und sich seinen Besitz durch ihre Verarmung erwirbt? So wird die Macht zur sichtbarsten Äußerung und Verherrlichung des selbstischen Willens« (Adolf Schlatter, Die christliche Ethik, Calwer, Stuttgart).

Schlechte Erfahrungen führen zu einer negativen Machtbewertung bis hin zu gänzlicher Verwerfung. »Macht neigt dazu, verderblich zu wirken, absolute Macht verdirbt bedingungslos«, so der britische Gelehrte Lord Acton (1834-1902). Zumindest verleitet Macht zum hemmungslosen Einsatz aller Mittel, denn alles macht den Menschen irgendwann satt, nur Macht nicht. Ein böser Wille erreicht mit bösen Mitteln böse Ziele. Jesus Christus sagt: »Ein guter Mensch bringt Gutes hervor, weil er

> *Alles macht den Menschen irgendwann satt, nur Macht nicht.*

im Innersten gut ist. Ein schlechter Mensch kann nur Böses hervorbringen, weil er von Grund auf böse ist« (Matthäus 12,35, *Gute Nachricht Bibel)*. Macht als solche ist nicht böse, sondern neutral. Sie ist nicht unmoralisch, sondern amoralisch. Es kommt entscheidend darauf an, wer sie auf welche Weise und mit welchem Ziel ausübt.

Unbedingte Bejahung finden wir bei dem Philosophen Friedrich Nietzsche (1844-1900), der den Willen zur Macht zum »höchsten Wert« erhebt. Ein guter Wille führt mit guten Mitteln zu guten Zielen. Das mag als Faustregel gelten und fordert geradezu heraus, vom rechten Gebrauch der Macht zu reden und ihn vom Missbrauch zu unterscheiden.

> *Macht als solche ist nicht böse, sondern neutral. Sie ist nicht unmoralisch, sondern amoralisch.*

Gewissensbisse?

Gut oder böse? Das ist die klassische Fragestellung des Gewissens. Aber was ist unser Gewissen? Und redet nur Gott durch das Gewissen? Mancher lebt nach der Devise: »Sein Gewissen war rein – er benutzte es nie!« Dem ist dann auch egal, ob das Gewissen eine gesellschaftliche, letztlich nicht zu überprüfende Größe darstellt oder ob es religiös besetzt ist. Der Theologe Helmut Thielicke (1908-1986) sagte dazu: »Nichts ist so veränderlich wie das Gewissen; es hat ebenso viele Grade, wie es Zivilisationen, Familien und Einzelmenschen und Momente im Leben dieser Einzelmenschen gibt.«

Pauschal können wir nur sagen, dass jeder Mensch ein Gewissen hat. Wovon es geprägt wird, was es uns sagt und wie intensiv es sich regt, ist verschieden. Darum dürfen wir unser Gewissen nicht automatisch mit der Stimme Gottes gleichsetzen, denn es gibt viele prägende Faktoren, zum Beispiel:
– Staat und Gesellschaft, etwa durch die Gesetzgebung. Wer

mit 70 km/h statt mit 50 km/h durch die Stadt fährt, hat vielleicht ein schlechtes Gewissen.
– Die Erziehung prägt unser Gewissen durch die Werte, die uns in den ersten Lebensjahren bis zur Pubertät vorgelebt und vermittelt werden. Extreme Erziehung kann zu einer »krankhaften« Gewissensentwicklung führen (Überfunktion, Gleichgültigkeit).
– Die religiöse Prägung, und zwar unabhängig von der jeweiligen Religion und Lehre. Vieles, was im Islam als heiliges Mittel erlaubt ist, ist für Christen undenkbar und mit ihrem von der Bibel geprägten Gewissen nicht vereinbar.

Aber auch innerhalb des Christentums gibt es unterschiedlich starke Gewissensprägungen.
– Das hat mit unserer Vorstellung von Gott zu tun (Richter oder Retter; Gesetz oder Evangelium?).
– Egoismus prägt unser Gewissen, besser gesagt: er tötet es ab. Das »Ich« wird zum Maß aller Dinge, auch auf Kosten anderer. Egoismus ist selbst schon das »Produkt« unserer Umwelt.
– Schließlich prägt Gott unser Gewissen, zum Beispiel durch sein Wort. Gott schuf aus dem Chaos den Kosmos, er ordnet unser Zusammenleben. Wer das als gut und gültig annimmt, schärft sein Gewissen.

Erschwerend kommt allerdings hinzu, dass wir nicht alle und nicht überall die gleiche Erkenntnis haben und die Gefahr besteht, sein Gewissen nach individuellen Bedürfnissen einzustellen. Übrigens kann unser Gewissen nach evangelischem Verständnis nicht von anderen überprüft werden. Es gilt in vielem die Gewissensfreiheit, aber nicht losgelöst von Gott und nicht dem Egoismus preisgegeben.

»Das Gewissen regt sich – es spricht die Muttersprache«, meinte der Theologe und Missionsdirektor Walter Freytag (1899-1959). Jeder kann die Stimme seines Gewissens hören, wenn er will; ob vor, während oder nach einer »Tat«. Wohl dem, der sich an Gottes Ordnungen orientiert und hören lernt, was Gott ihm zu sagen hat (Psalm 1). Zur Zeit des Alten Testamentes sprach man von »Herz und Nieren«. Im Neuen Testament heißt es etwa 30 Mal »Gewissen« (Römer 13,5; 1. Timotheus 1,5). Paulus erklärt, dass nicht das Gewissen die letzte Instanz ist, weder im Freispruch noch im Schuldspruch, sondern der Herr selbst (1. Korinther 4,4).

Wo wir berechtigterweise ein schlechtes Gewissen haben, weist es uns auf den hin, der Schuld vergibt und unser Gewissen entlastet: Jesus Christus.

Hier drei Zitate zum weiteren Nachdenken:

»Mancher hat nur deswegen ein gutes Gewissen, weil er ein schlechtes Gedächtnis hat« (N. N.).

»Sehr viele Menschen leben in friedlicher Koexistenz mit einem schlechten Gewissen« (Henry Miller, amerikanischer Schriftsteller, 1891-1980).

»Die Stille des Gewissens wäre ein besserer Berater, wenn wir ihr nicht immerzu soufflieren würden, was sie sagen soll« (Jean Anouith, französischer Dramatiker).

»Die Stille des Gewissens wäre ein besserer Berater, wenn wir ihr nicht immerzu soufflieren würden, was sie sagen soll«.

Die Notwendigkeit von Führung

Soziologisch gesehen ist Macht notwendig für ein geregeltes Zusammenleben. Jede Macht, auch die nichtpolitische, muss gesteuert werden, um demokratischen Grundsätzen gerecht zu werden. Zu starke Macht muss also zurückgedrängt werden, schwache Machtpositionen müssen gestärkt werden.

»Jacob Burckhardt hat im Sinne der Schopenhauer'schen Skepsis den Satz vertreten, Macht sei an sich böse, und es lässt sich ja nicht leugnen, dass die Geschichte zahllose Beispiele für einen zynischen Missbrauch der Gewalt kennt. Trotzdem kann und muss man viel gegen diese Ansicht geltend machen. Einmal ist das Recht, wo es überzeugend zum Leuchten gebracht wird, selbst eine Macht. Wahre Macht zeigt sich ja gerade darin, dass sie keiner Gewalt bedarf. Vor allem aber ist auch die Gewalt gut, wenn sie streng an das Recht gebunden ist. Die sittlich legitimierte Gewalt ist der Schutz der Schwachen. Sie ist dazu berufen, den Rechtsbrecher zu bedrohen und der Gewalt des Unrechts die legitime Gewalt im Dienste des Rechtes entgegenzusetzen«, so schreibt der Theologe Wolfgang Trillhaas (1903-1995) in seiner Ethik (Töpelmann, Berlin 1959).

»Lasst uns mit dem Lied Nr. 138 aus unserem Buch ›Feiern und Loben‹ auf das Gehörte antworten.« Alles blättert, die Orgel dröhnt, aber der Gesang bleibt irgendwie dünn. Singen da einige etwa nur halbherzig mit: »Gut, dass wir einander haben, gut, dass wir einander sehen, Sorgen, Freuden, Kräfte teilen und auf einem Wege gehen ....«? Klar, wie soll man auch als ehrlicher Christ singen, was man so im Moment gar nicht empfindet? Weil die Chemie nicht stimmt. Weil seit Generationen Spannungen gepflegt werden. Weil man Sorgen, Freuden und Kräfte eben gar nicht teilt, sondern auch in der Gemeinde manchmal jeder tut, was er will. Und obwohl zwar viel geredet wird, weiß man kaum, was im anderen tatsächlich vor sich geht und wie er oder sie sich fühlt. Welche Sorgen hat der andere, der Sonntag für Sonntag neben mir sitzt? Um in dem Bild vom Körper zu bleiben, das Paulus anführt: Finger und Fuß sind sehr weit voneinander entfernt, und auch das Ohr hat mit dem Knie keine direkten Berührungspunkte (1. Korinther 12,20-26).

Hier ist Führung notwendig, die untereinander vermittelt. Die dem Ohr sagt, wie es mit Hilfe des Knies und anderer Gelenke auch mal dahin kommt, wo es etwas anderes zu hören gibt. Oder die jemandem hilft, nicht neidisch auf andere zu sein, denn: »Vergleichen ist das Ende des Glücks und der Anfang der Unzufriedenheit« (Sören Kierkegaard). Es braucht Führung, die Geschwistern hilft, hoffend und betend mitzusingen und beim Lesen von Psalm 133,1 nicht gleich in Tränen auszubrechen, weil es dort heißt, wie wohltuend es sei, wie schön, wenn Brüder, die beieinander wohnen, sich auch gut verstehen.

Führung ist notwendig, weil es überall schwierige Menschen gibt.

Führung ist notwendig, weil es überall schwierige Menschen gibt. Oder Menschen mit Schwierigkeiten? Das ist kein Wortspiel, sondern eine notwendige Unterscheidung. Leiter müssen sich drei Fragen stellen, um herauszufinden, worum es eigentlich geht, und um in angemessener Weise zu (re)agieren:

– *Hat* jemand ein Problem? Womit oder mit wem? Ist es dienstlich oder doch eher persönlich, geistlich ...?
– *Macht* jemand ein Problem? Dabei kommt in der Regel eine Vorgeschichte zum Tragen, er belastet damit vorübergehend auch andere, übernimmt manche Arbeiten nicht, kommt öfters unpünktlich usw.
– Oder *ist* jemand ein Problem? Unter welchen Umständen ist er/sie noch länger tragbar? Unfreundlichkeit, Unzuverlässigkeit, fehlende »Berufung«, ungeistliches Verhalten usw. sind zu prüfen.

Damit nichts passiert, muss etwas passieren! Dazu ist Leitung da. Sie soll aufgrund ihres geistlichen Profils und ihrer menschlichen Fähigkeiten verhindern, dass sich Probleme verschärfen oder falsche Lösungen gewählt werden. Da fällt mir eine Karikatur ein: Ein Bogenschütze spannt einen Pfeil vor die bis zum Zerreißen gespannte Sehne. Dann lässt er los – dummerweise aber die falsche Hand, und der Bogen knallt ihm zurück vor die Nase, die dick und rot wird. Der Pfeil indes sinkt zu Boden. Der Schütze hat die Spannung zwar gelöst, aber an der falschen Stelle.

Damit nichts passiert, muss etwas passieren! Dazu ist Leitung da.

Typbedingte Bedürfnisse

Eichen sind robuste Bäume, die es zu erstaunlichem Alter und imposanter Größe bringen können. Manchmal sind sie bis in die Krone mit Efeu bewachsen. Der Stamm ist kaum noch zu sehen, denn an ihm ranken mehrere fingerdicke Efeutriebe in die Höhe. Der Efeu braucht die Eiche. Ohne sie würde die Ranke in sich zusammenfallen und achtlos am Boden kriechen. Die Eiche trotzt nicht nur selbst Wind und Wetter, sondern bietet auch dem Efeu als Schmarotzerpflanze den nötigen Halt. So weit, so gut. Aber das Ende ist für die stolze Eiche oft bitter, denn nicht selten raubt der Efeu der Eiche oder einem anderen Gastgeberbaum alles, was zum gesunden Fortbestand notwendig ist: Luft, Wasser, Sonne und Platz. Der, der Halt gegeben hat, verliert selbst den Halt und geht ein. Der Efeu wird irgendwann mit den morschen Ästen des absterbenden Baumes zu Boden stürzen. Aber schnell finden sich andere Bäume als Stütze, und der Überlebenskampf des einen auf Kosten des anderen beginnt von neuem.

> *Die Voraussetzung für das Entstehen von Machtverhältnissen liegt im Zusammenspiel von Macht- und Unterordnungstrieb.*

Die Voraussetzung für das Entstehen von Machtverhältnissen liegt im Zusammenspiel von Macht- und Unterordnungstrieb. Anders ausgedrückt: Unsere Persönlichkeitsstruktur bringt es mit sich, dass einer gerne führt und ein anderer sich gerne führen lässt. Nicht für jeden stellt Macht ein erstrebenswertes Ziel dar. Sehen wir uns kurz einige für unser Thema relevante Charaktermerkmale an, denn Menschen sind wie Efeu und Eiche. (Wir orientieren uns an dem Buch von Fritz Riemann: Grundformen der Angst. Eine tiefenpsychologische Studie, Ernst Reinhardt, Basel.)

Ein Mensch mit zwanghafter Persönlichkeit kann Eiche oder Efeu sein, denn entweder fordert man Pünktlichkeit, Rituale, Zuverlässigkeit und Ordnung von anderen oder unterstützt den, der für diese Werte eintritt.

Der Hysteriker ist ein Freiheitstyp, eine Eiche. Spontaneität und Risikofreudigkeit sind eher zum Führen als Geführtwerden geeignet. Als Chaot macht er den Zwanghaften das Leben schwer. Machtkämpfe sind vorprogrammiert.

Die schizoide Persönlichkeit ist wie die Eiche. Dieser Distanztyp, der in seiner sachlich orientierten Welt glücklich ist, hat Angst, vereinnahmt zu werden. So entwickelt er, mitunter schroff und abweisend, seine Strategien, um zurechtzukommen. Das kann sehr machtvoll geschehen.

Ganz anders ein Mensch mit depressiver Grundstruktur: Er entspricht dem Rankgewächs. Er braucht starke Typen neben sich, an denen er sich aufrichten und orientieren kann. Er sucht Nähe und Wärme. Seine Stärke ist die Zuwendung. »Ich bin immer für dich da«, sagt dieser Mensch und erdrückt andere mit seiner Zuwendung, hinter der als vermeintliche Stärke oft Schwachheit und Angst vor Ablehnung steckt.

»Trage mich auf Händen, aber sage mir nicht, dass ich selbst die Kraft zum Gehen habe« (N. N.). Beschreibt das nicht viel mehr als nur ein Bedürfnis nach Führung? Hier kommt Bequemlichkeit ins Spiel, Passivität. Viele lassen sich tragen, weil es bequem ist. Man erspart sich Ärger und Meckerei, hat mehr Zeit für eigene Interessen, für die man sehr wohl die Ärmel hochkrempelt. Typisches Beispiel sind Kinder bzw. das Zusammenspiel zwischen Kindern und Müttern, die den größten Teil des alltäglichen Machtgerangels miterleben. »Trage mich auf Händen, Mama. Wasche meine Wäsche. Dafür bleibe ich auch noch daheim.« Tu dies, mach jenes. Hier ist enorm viel Macht im Spiel, sodass von einem Spiel nicht mehr geredet werden kann.

> *»Trage mich auf Händen, aber sage mir nicht, dass ich selbst die Kraft zum Gehen habe.«*

Aber wer ist Efeu, wer die Eiche? Die Wechselwirkungen sind groß, die Rollen austauschbar. Schon kleine Kinder können stark wie eine Eiche sein. Und manche Frau lehnt sich, ohne es wahrhaben zu wollen, an die Kinder an, weil sie von ihnen Sicherheit und Daseinsberechtigung erfährt. Bemuttern ist eine indirekte Machtstrategie. Unser Streben nach Macht hängt eng mit unserem Bedürfnis nach Sicherheit zusammen.

Es sei noch erwähnt, dass sich das Zusammenspiel unserer individuellen Art auch nach anderen Typologien darstellen lässt. Der eine nimmt das Enneagramm zur Hilfe, der andere orientiert sich an den Temperamenten (lat. »richtige Mischung« der Körpersäfte) Sanguiniker, Melancholiker, Choleriker, Phlegmatiker. All das sind ja lediglich Versuche gewisser Klassifizierungen, und die treten in der Regel als Mischform auf. Ich empfehle Ihnen, hin und wieder eine Typologie zu lesen und sich von manchen Erkenntnissen über andere, vor allem aber über sich selbst überraschen zu lassen. Denn der Mensch ist für sich selber blind, er kann sich nur im Spiegel der anderen erkennen. Gilt das nicht gerade für Machtmenschen? »Willst du den Charakter eines Menschen erkennen, so gib ihm Macht«, empfahl der amerikanische Präsident Abraham Lincoln (1809-1865).

> Unser Streben nach Macht hängt eng mit unserem Bedürfnis nach Sicherheit zusammen.

Kontrollierte Macht

Während ich an diesem Buch schreibe, erfahre ich, dass der Präsident eines islamischen Staates in Zentralasien sich selbst zum Präsidenten auf Lebenszeit erklärt hat. So ähnlich kennen wir es auch aus anderen Diktaturen. Diktatur und Machtkontrolle sind ein Widerspruch in sich selbst.

»Macht muss unter Kontrolle genommen werden. Keine Demokratie ohne Kontrollorgane und Kontrollfunktion. Die Teilung der Gewalten« (Legislative: gesetzgebende Gewalt/ Volk; Judikative: rechtsprechende Gewalt/Gerichte; Exekutive: vollziehende Gewalt/Regierung, Verwaltung) »dient ganz wesentlich dieser Kontrolle: Jede Macht muss wissen, vor wem sie sich zu verantworten hat. Die bekannten ›Skandale‹, welche die Geschichte der Demokratie zu begleiten pflegen und dem moralischen Zynismus ihrer Gegner jeweils billigen Agitationsstoff liefern, sind doch nur ein Zeichen dafür, dass die Kontrolle wirklich funktioniert, während in den autoritären Systemen die Missstände vertuscht werden und womöglich der bestraft wird, der von ihnen spricht«, so noch einmal Wolfgang Trillhaas in seiner Ethik.

Auch Wolfgang Huber fordert als Theologe angesichts mancher Missstände keineswegs eine grundsätzliche Dämonisierung der Macht als »an sich böse«, sondern ruft zur Kritik an aller Verselbstständigung der Macht auf: »Wegen der Verführbarkeit des Menschen durch die Macht bedarf deren Gebrauch der Kontrolle; deshalb hat eine theologische Theorie der Macht eine Affinität zu allen Konzepten der Gewaltenteilung und der demokratischen Partizipation. Da der Machtgebrauch sich an seiner Dienlichkeit für die Würde der Menschen und das Gelingen der menschlichen Gemeinschaft bemisst, ist mit der Macht selbst auch die kritische Prüfung des Machtgebrauchs zu institutionalisieren« (Evangelisches Kirchenlexikon).

Es geht also um strukturelle Voraussetzungen, die Macht übertragen und kontrollieren, als Ergänzung zu den personellen Voraussetzungen, über die noch zu sprechen ist. Dazu Otto Imhof, Direktor des Diakoniewerkes Bethanien, Solingen:

» Legitime Macht muss auf einem nachvollziehbaren Weg übertragen worden sein. Es muss transparent sein, wann wem und wie Macht übertragen wurde. Legitime Macht kann man sich nicht nehmen. Sie wird gegeben.
– Legitime Macht muss einer dritten Größe verpflichtet sein. Zum Beispiel in der Rechtsprechung. Richter und Angeklagter sind beide einer dritten Größe verpflichtet. Diese dritte Größe, in diesem Fall das Gesetz, legitimiert die Macht des Richters. Die Machtausübung eines Richters ist

nicht Selbstzweck, sondern steht im Dienste eines Zieles, nämlich das Recht zur Geltung zu bringen, damit in der menschlichen Gemeinschaft das Leben gelingt.
- Legitime Macht muss verantwortet werden und es muss klar sein, vor wem dies zu geschehen hat. Und sie muss kontrolliert werden können. Nicht nur um sie zu begrenzen (unbegrenzte Macht bekommt keiner), sondern um feststellen zu können, ob die Ziele, die mit der übertragenen Macht erreicht werden sollen, tatsächlich erreicht werden.
- Legitime Macht gibt es nur in einem Umfeld, in dem es ein unverkrampftes Verhältnis zur Macht gibt. Versteckt ausgeübte Macht wirkt destruktiv. Offen ausgeübte Macht baut auf oder kann aufbauen und kann daraufhin befragt werden, ob sie aufbaut.

In christlichen Gemeinden brauchen wir also ein viel unverkrampfteres Verhältnis zur Macht, zu ihrer Ausübung und ihrer Kontrolle. Die vier Merkmale legitimer Macht gelten auch für die christliche Gemeinde und für kleinste Zellen in der Gemeinde. Wenn da behauptet wird, es gäbe keinen, der leitet, dann gibt es mit Sicherheit einen. Aber dem ist nicht Macht übertragen worden, der hat sie sich genommen.

Macht muss eingeordnet, sie muss »gebunden« sein (Helmut Thielicke) und sie muss begrenzt werden. Die Notwendigkeit ihrer Begrenzung ergibt sich aus der Anfälligkeit von uns Menschen gegenüber ihrem Missbrauch. Im Staat gibt es deshalb die Teilung der Gewalten. Im Unternehmen gibt es die Unterscheidung zwischen Leitungs- und Aufsichtsorganen, deshalb gibt es dort klar begrenzte Verantwortungsbereiche. Hier ist die Frage geklärt, wer wem verantwortlich ist und wer an wen berichtet. Das dient der Transparenz und dem verantwortlichen Umgang mit Macht. Wer in der Seelsorge kontinuierlich geistlich führt, braucht darum Supervision« (soweit Otto Imhof in einem Referat auf dem Seelsorgetag des Bundes Freier evangelischer Gemeinden 2004).

9. Gemeinde braucht Leitung – nicht nur, aber auch

Der religionswissenschaftliche Hintergrund beim Thema Macht ist interessant. So gesehen ist Macht die »geheimnisvolle, heilige, zumeist stofflich gedachte, an Dingen und Personen haftende Qualität, durch die bei Naturvölkern jene machthaltigen Dinge oder Personen ›tabu‹ werden. Der Häuptling oder der Priester besitzen Macht, nicht im Sinne profaner Gewalt, sondern im Sinne von Heiligkeitsmacht, vor der man sich in Acht nehmen muss. Solche numinose Macht kann auch Dingen, z. B. heiligen Gegenständen, die im Kult Verwendung finden, anhaften« (Brockhaus Enzyklopädie, 1970).

Vielleicht sind Sie als Leser an dieser Stelle bedacht, schnell weiterzublättern. Es kann nämlich unbequem sein, darüber nachzudenken, ob es solche uralten Prägungen in abgewandelter und abgeschwächter Form nicht heute noch gibt – da, wo Religion wirksam wird. Gemeindeleitung, vor der man sich »in Acht nehmen muss«? Älteste oder Diakone, Presbyter oder Pfarrer, die irgendwie »tabu« sind? Ähnlichkeiten mit lebenden Personen sind rein zufällig, pflegt man dann zu sagen.

Konfessionell unterschiedliche Betrachtungsweisen zeigen sich am ehesten in den Kirchenordnungen. So wird etwa das ursprünglich römisch-katholische Bischofsamt, je freier Kirchen und Gemeinden wurden, zunehmend »als Leitungs- und Aufsichtsdienst rein menschlich gedeutet und ausgeübt«. Dieser Tendenz zur Entsakramentalisierung der kirchlichen Amtsstruktur liegen ebenso verschiedene Negativerfahrungen wie theologische Erwägungen zugrunde. So etwa die Ansicht, dass »das Leiden und Sterben Jesu, das als normative Offenbarung der Ohnmacht Gottes begriffen wird, häufig dazu führt, Macht und Liebe einander streng entgegenzusetzen, sodass Macht und Machtstreben per se als Folge und Symptom menschlicher Sündigkeit erscheinen. Umgekehrt wird darum folgerichtig der Machtverzicht als einzig wahre christliche Haltung gepredigt« (Heinz-Günther Stobbe im Evangelischen Kirchenlexikon).

Soviel ist inzwischen klar: Machthungrige Menschen können ihr Bedürfnis am ehesten in unklaren Strukturen befriedigen. Aber auch wenn Leitung gar nicht (etwa bei Wechsel) oder vorübergehend (bei längerer Krankheit oder in bestehenden Krisen) nicht angemessen gewährleistet ist, stoßen manche geschickt in das Machtvakuum vor und füllen es aus. Sie drängen nach oben; das ist schlimm. Schlimmer ist, dass man sie kaum wieder vom Thron herunterbekommt. Wie auch – ohne Struktur, ohne autorisierte Kontrolle? Um diesen Gefahren in Kirchen und Gemeinden vorzubeugen, setzen Christen mit Leitungsfunktion bewusst andere Akzente und lassen sich vom Heiligen Geist statt vom Zeitgeist oder von Machtmenschen führen. Dabei ist zunächst ohne Bedeutung, ob es sich um eine hierarchische Spitze mit einem Leiter handelt, um eine Doppelspitze, etwa mit einem Vertreter, oder um eine Leitungsgruppe, in der verschiedene Aufgaben verteilt sind (Vorstand mit Vorsitzendem, Stellvertreter, Schriftführer, Kassenwart usw.).

> *Machthungrige Menschen können ihr Bedürfnis am ehesten in unklaren Strukturen befriedigen.*

Die Trennung vom »selbstischen Machtideal« nennt Adolf Schlatter als wesentliche Bedingung, um das kirchliche Leitungsamt von seiner Entweihung zu reinigen. »Der Geistliche muss begreifen, begreift es aber nur, wenn er Jesus gehorcht, dass er nicht seine eigene Erhöhung, somit die Erniedrigung der Gemeinde, nicht die Entrechtung der Gemeinde zur Steigerung seiner Macht, nicht die Passivität der Gemeinde zugunsten seiner eigenen Arbeit zu begehren hat.« Das Ziel des Amtes, so Schlatter weiter in seiner christlichen

Ethik, liege in der Herstellung der zum gemeinsamen Handeln befähigten Gemeinschaft. Das Amt dient einem Ziel der Gemeinde, nämlich »ihren Gliedern nicht die Verarmung, sondern die Belebung« zu bereiten.

Berufung zwischen Diktatur und Demokratie

Wir brauchen geistliche und zugleich menschliche Leitungsvorbilder, denn ein fähiger Unternehmensleiter ist noch lange kein geistlicher Gemeindeleiter. Es braucht eine göttliche Berufung, ein »Charisma«, denn bei der Leitung einer Gemeinde geht es nicht darum, ob jemand Interesse oder Lust hat, sondern ob Gott ihn jetzt an diese Stelle beruft. Der Tribut an Generations- und Traditionspflege etwa macht ebenso wenig zu einem geistlichen Leiter wie machtvolle Interessen dominanter Familien, die durchaus einen der Ihren auf einen Leitungsposten heben können.

Ohne Berufung durch Gott und Vertrauen der Gemeinde sollte niemand eine Leitungsaufgabe anstreben und annehmen.

Rufen und Berufen hängen aufs Engste zusammen. Dahinter steht Gott, denn das griechische Wort *kaleo* steckt in dem neutestamentlichen Begriff für Gemeinde, nämlich *ekklesia,* und das bedeutet wörtlich übersetzt »die Herausgerufene«. Ohne Berufung durch Gott und Vertrauen der Gemeinde sollte niemand eine Leitungsaufgabe anstreben und annehmen. Denn: »... wer unter euch groß sein will, der sei euer Diener; und wer unter euch der Erste sein will, der sei euer Knecht«. Korrigierende Worte Jesu aus Matthäus 20,26f.

Bei Leitungsaufgaben in der Gemeinde geht es nicht um Karriere, sondern um Dienst für andere Menschen. Mancher, wenn er ehrlich ist, hat gerade das nicht im Sinn. Insofern ist es heilsam, wenn sich »amtierende« Schwestern und Brüder immer wieder einmal die Frage nach ihrem treibenden Motiv stellen: Warum habe ich diese Aufgabe übernommen?

»Für wen tun Sie das alles?«, wurde eine liebevolle, fleißige Dame im häuslichen Pflegedienst von der älteren Dame im Rollstuhl gefragt. »Für meinen Herrn«, antwortete diese. »Oh, schade«, sagte die Kranke leise. »Ich dachte, Sie hätten es auch ein wenig für mich getan.«

Für wen tun Sie, was Sie tun? Was ist Ihre Motivation? Schließlich tun wir nichts ohne Motive oder Beweggründe. In der Motivationsforschung sprach man früher von zwei Antriebskräften im Menschen. Entweder wir sind HE- oder FM-motiviert. HE steht für »Hoffnung auf Erfolg«, FM bedeutet »Furcht vor Misserfolg«. Von anderen Ansätzen der Motivationsforschung, etwa der bekannten Bedürfnispyramide von Abraham Maslow, sehen wir hier ab.

HE, Hoffnung auf Erfolg – ist es das, was mich antreibt? Habe ich, gerade als Christ, positives Denken, das eben nicht mit esoterischem Gedankengut gefüllt wird? Habe ich von Gott her Hoffnung für die Jahresplanung und für den schwierigen Mitarbeiter und für die kommende Tagung? Dann treibt mich das voran.

Oder gehöre ich auch als Christ zu den pessimistischen Menschen, die FM-motiviert sind? Überwiegt meine Furcht vor Misserfolg? Nehme ich immer erst das Schlimmste an? Die Freizeit wird ja doch nicht voll. Die Sitzung wird wieder übel ausgehen. Wie sollen wir das alles nur schaffen? Solche Furcht kann uns zwar aktivieren, sodass wir uns total aufreiben; denn Furcht lähmt nicht nur. Aber was setzt sie in Bewegung?

Was treibt Sie an, und für wen tun Sie, was Sie tun? Der eine gibt zu, dass er Gott etwas beweisen will. Ein anderer will seinen Mitmenschen zeigen, dass er es besser macht als der Vorgänger. Ein Dritter braucht seine Position zur Selbstbestätigung. Wieder jemand klagt, dass sonst ja niemand bereit war, die Aufgabe zu übernehmen. Andere sind irgendwie hineingedrängt worden oder hineingewachsen. Oder jemand fühlt sich für alles verantwortlich und kann nicht nein sagen. Mancher will durch sein Engagement von Schuld oder biographischen Kapriolen ablenken. Selbst wenn beim Nachdenken keine offensichtlich egoistischen Gedanken zutage treten, ist es gut, sich auf *das* Motiv der Liebe zu besinnen und Jesus Christus als Haupt der Gemeinde vor Augen zu haben.

Der Geist Gottes beruft Menschen nicht unabhängig von einer Gemeinde in deren Leitung. Erst wenn beide Seiten eine gemeinsame Erkenntnis des göttlichen Willens haben, spricht man in der Regel von Berufung. Darauf weist der Stuttgarter Mathematiker Bodo Volkmann in einem Zeitschriftenartikel hin. Es darf demnach nicht vorkommen, dass jemand sich selbst beruft und sich somit gegen die Erkenntnis der Gemeinde inthronisiert. Dass also »der Wille Gottes nicht durch Abstimmung entdeckt wird, sondern durch betendes Hören auf ihn, durch Gehorsam gegenüber der Schrift und durch offenes Gespräch unter Brüdern« (Bodo Volkmann).

»Abstimmungen haben jedoch eine dem nachgeordnete, wichtige Funktion. Sie dienen dazu, die Frucht des Betens, Hörens, Besprechens und Gehorchens erkennbar zu machen. Darum werden wir in für die Gemeindearbeit entscheidenden Fragen, wie Ältesten- und Pastorenberufung, Opferzielen, Gemeindehausbau u. a. auf das Mittel der Abstimmung in dieser nachgeordneten Weise nicht verzichten können« (Wolfgang Dünnebeil, bis 2004 Bundessekretär im Bund Freier evangelischer Gemeinden, in: Christsein heute Forum Nr. 81).

In der Krise reifen

Gott beruft Menschen nicht nur, er befähigt sie auch. Das heißt nicht, dass diese Personen damit »fertig« wären. Denn eine Gemeinde oder den Teilbereich einer Gemeinde zu leiten ist Arbeit und erfordert die eigene persönliche Weiterentwicklung. Hier ist an vieles zu denken, was oft mit dem Begriff »Heiligung« beschrieben wird. Stillstand ist bereits Rückschritt. Gott möchte uns voranbringen. Das gilt in Ehe und Familie, bei der persönlichen Reifung oder beim Vorwärtskommen der Gemeinde.

Was lässt uns reifen, lernen und lebensfähig werden? Das sind nicht die Harmlosigkeiten des Lebens, die goldenen Zeiten, die Schön-Wetter-Tage. Der kalifornische Pastor und Buchautor John Ortberg nennt dazu drei grundlegende Lektionen für geistliche Leiter und beginnt überraschenderweise mit dem, was eigentlich keiner will: Probleme. Ortberg beschreibt sie als ein notwendiges Instrument, als gutes Werkzeug, und schreibt: »Ein Leiter, der zur Persönlichkeitsbildung und Reifung anderer beitragen will, braucht jede Menge davon« (WillowNetz Nr. 3/2004). Da sträubt sich zwar etwas in uns, aber Ortberg hat Recht. Erinnern wir uns an die Kindererziehung: Auch da meinen wir, dass Reibung zwischen Eltern und Kindern für die Entwicklung einer eigenständigen Persönlichkeit wichtig ist. In der Praxis lieben wir diese Reibung natürlich nicht gerade, denn sie ist aufregende Arbeit, Stress, Ärger, Sorgenlast.

Auch Gemeindeleitungsmitglieder müssen bereit und in der Lage sein, so genannte »heiße Eisen« und schwierige Themen anzufassen. Bei allem Verständnis für hohen Puls und weiche Knie dürfen sie letztlich keine Angst vor Einzelnen in der Gemeinde haben. Ebenso wie sie nicht abhängig von der Meinung oder dem Wohlwollen Einzelner sein dürfen. Noch einmal John Ortberg: Es ist »die Kunst und die Aufgabe, die Probleme in die richtige Beziehung zu setzen mit der geistlichen Begabung und den natürlichen Fähigkeiten eines Menschen. Dann erleben Menschen den *Flow*, das Fließen des Heiligen Geistes in ihrem Leben«.

Ohne den Geist Gottes finden wir auch keine guten Kompromisse. Andere nicht zu faulen, sondern zu echten Kompromissen zu führen, zeugt von Reife, denn »im Zusammenleben ist oft eine Kompromissbildung zwischen Beziehung und Bedürfnisbefriedigung nötig. Reife bedeutet, dass man sich im Zusammenleben anpassen kann, in dem subtilen Gleichgewicht von Durchsetzung und Nachgeben« (Samuel Pfeifer).

Konflikte sind wichtig, denn sie vermitteln uns eine neue Sicht über uns selbst, über andere und auch über Gott.

Konflikte sind wichtig, denn sie vermitteln uns eine neue Sicht über uns selbst, über andere und auch über Gott.

Nachfolgend finden Sie ein »Gerippe«, mit dem Sie mit anderen für sich oder gemeinsam Gewinn aus Krisen ziehen können. Übernehmen und vertiefen Sie, was für Sie relevant ist.

1. In der Krise reifen durch neue Selbsterfahrungen
– *Erkennen und Annehmen der Krise.* Selbsterkenntnis ist der erste Weg zur Besserung, sagt das Sprichwort. »Dazu war ich fähig, so etwas konnte mir passieren?« Nur wer sich das ehrlich eingesteht, hört auf zu leugnen und wird bereit, an Veränderungen zu arbeiten. Dazu zählt auch, über eine Krise sprechen zu lernen.
– *Umdenken und neue Ziele anvisieren.* Nur wer altes Land verlässt, kann neuen Boden einnehmen. Vorher muss man aber wissen, wohin man will. Darum sind Ziele so wichtig. Suchen und formulieren Sie Ihre positiven Ziele: »Ich möchte helfen, dass wir uns besser verstehen« statt »ich werde mich in Zukunft zu wehren wissen«. Lassen Sie sich nicht vom Negativen fesseln.
– *Neu beginnen und kleine Schritte gehen.* »Gesagt heißt nicht gehört; gehört heißt nicht verstanden; verstanden

heißt nicht zugestimmt; zugestimmt heißt nicht getan; getan heißt nicht, es wiederholt zu tun« (Konrad Lorenz).
»Steh auf, nimm dein Bett und geh nach Hause!«, sagt Jesus dem Gelähmten (Matthäus 9,6). Wir fühlen uns oft wie gelähmt, aber kleine Schritte sind möglich und führen zum Ziel. Schon der erste gelungene Schritt ermutigt zum zweiten.

2. In der Krise reifen durch neue Erfahrungen mit seinen Mitmenschen
– *Die Hilfe anderer erleben.* Geben und Nehmen sind wichtig, denn jeder hängt mal durch. Gut, wenn wir sehen, wer uns seine Hilfe anbietet, und sie dankbar annehmen können.
– *Das Angebot der Seelsorge.* In der Gemeinde oder außerhalb gibt es dazu Möglichkeiten. In der Regel kommt ein seelsorgerlicher Berater nicht ungerufen, sondern man muss sich selbst auf den Weg machen.
– *Die Hilfe anderer nicht bekommen.* Eine Ent-Täuschung ist das Ende einer Täuschung. Das muss man erst mal verkraften, aber selbst diese traurige Erfahrung birgt die Chance, unabhängiger und selbstständiger zu werden. Wichtig ist, dann nicht zu resignieren oder nur zu klagen, sondern eigene Wege zu wagen.
– *Lernen fürs Leben.* Durch eigene Schuld- und Grenzerfahrungen können wir realistischer im Denken und Handeln und barmherziger mit anderen Menschen werden.

3. In der Krise reifen durch neue Glaubens- und Gotteserfahrungen
– *Geistliche Entwicklungen.* Bedrängnis – Bewährung – Geduld – Hoffnung, eine schrittweise Glaubenserfahrung (Römer 5,1ff), die nicht nur Paulus machen konnte.
– *»Gott kann.«* Wir können Gott alles zutrauen, mehr als unseren besten Freunden oder uns selbst. Er kann, und er

will nicht erst gebeten sein, wenn wir alles Eigene erfolglos ausprobiert haben. Senfkorngroßer Glaube reicht (Matthäus 17,20)!
– *Gottes Wort wirkt.* »Es wird nicht wieder leer zu mir zurückkommen« (Jesaja 55,11). Aber lassen wir Gott denn mitreden?
– *Vergebung als Lebensstil.* Vergebung ist das zentrale Problem zwischen Menschen, aber auch die zentrale Botschaft des Neuen Testamentes. Es gibt nichts Schöneres, als Vergebung und Versöhnung zu erleben.
– *Gebet ist Reden und Hören.* Das Hören kommt oft zu kurz, weil viele nicht wirklich in die Stille gehen. Aber gerade da redet Gott (1. Könige 19,11ff; Matthäus 6,6).
– *Beten und Handeln.* »Das Gebet ersetzt keine Tat, aber es ist eine Tat, die durch nichts zu ersetzen ist« (N. N.). *Ora et labora,* Beten und Arbeiten gehören zusammen. Wie beim Rudern. Man muss beide Arme einsetzen, sonst dreht man sich im Kreis und kommt nicht von der Stelle. Gottes Wort fordert uns durchgängig zu beidem auf!

Menschenführung ist gefragt

Wolfgang Schulze, Bundessekretär im Bund Freier evangelischer Gemeinden, tritt der Fülle von Aufgaben, die die Gemeindeleitung manchmal glaubt auch noch bzw. selbst erledigen zu müssen, entgegen, wenn er schreibt: »Um eine Gemeinde zu einer gezielten, sendungsorientierten Arbeit zu führen, aber auch zur individuellen Weiterführung der Bekehrten zur verbindlichen Jüngerschaft und zur Mitarbeiterfindung und -zurüstung, bedeutet das Leiten der Gemeinde hauptsächlich Menschenführung (Motivation, Anleitung, Mitarbeitergespräch, Delegieren/Aufgabenbeschreibung)« (in: Christsein heute Forum Nr. 84).

Das erinnert mich an einen Satz, den ein Berater uns Abteilungsleitern des ERF förmlich eingetrichtert hat: »Sie sind als Leiter nicht dazu da, die Dinge richtig zu machen, sondern die richtigen Dinge zu machen.« Leiter sollten also nicht alles selbst machen – weil sie sich für unverzichtbar halten oder andere nicht gut und schnell genug wären –, sondern Leiter sollen andere anleiten und sich vorrangig um ihre Führungsaufgaben kümmern. Damit haben sie genug zu tun. Und da haben sie genau das zu tun, was man von ihnen erwartet und wozu sie und kein anderer beauftragt und im Berufsleben sogar bezahlt werden.

> *»Sie sind als Leiter nicht dazu da, die Dinge richtig zu machen, sondern die richtigen Dinge zu machen.«*

»Die Gabe der Leitung ist eine besondere Fähigkeit, die Gott einigen Gliedern am Leib Christi gibt, die sie befähigt, in Übereinstimmung mit Gottes Absichten für die Zukunft seiner Gemeinde Ziele zu setzen und diese Ziele anderen so zu vermitteln, dass sie freiwillig und in Harmonie zusammenarbeiten, um zur Ehre Gottes diese Ziele zu erreichen« (C. Peter Wagner, Die Gaben des Geistes für den Gemeindeaufbau, Aussaat, Neukirchen-Vluyn 1987).

Menschenführung ist zwar nicht unser eigentliches Thema. Aufgrund mancher Missstände in Gemeinden nenne ich nachfolgend jedoch weitere Anregungen verschiedener Autoren. Daran wird auch deutlich, wie unterschiedlich die Thematik teilweise angegangen und Schwerpunkte gesetzt werden. Das allein ist spannend und nachdenkenswert für alle, die für andere Menschen verantwortlich sind.

Fünf Ziele geistlicher Leiterschaft
Ausgehend von Epheser 4,12 nennt Wolfgang Dünnebeil (Christsein heute Forum Nr. 81) unter anderem folgende Ziele:

»Damit die Heiligen zugerüstet werden ...
... sorgen wir für eine gute geistliche Kost, die innerlich stärkt und weiterhilft,
... schaffen wir in unserer Gemeinde Einsatzmöglichkeiten,
... schulen wir Mitarbeiter und bauen sie auf, Verantwortung zu übernehmen,
... geben wir ihnen bewusst Hilfen für ihren Alltag,
... begleiten wir sie helfend in die verschiedenen Abschnitte ihres Lebens.

Das Ziel geistlicher Leiterschaft besteht nicht nur in der Hilfe zu geistlicher Qualifizierung, die wir Einzelnen anbieten. Es geht genauso um das Wahrnehmen und Verwirklichen des Auftrages, den die Gesamtgemeinde von Jesus Christus erhalten hat.«

Fünf Kennzeichen geistlicher Leiter
Bernd Gaumann, Leiter der Zeltmission im Bund Freier evangelischer Gemeinden, beschreibt sie so (Christsein heute Forum Nr. 82):
– Geistliche Leiter sind fleißig,
– sie entdecken Möglichkeiten, wo andere nur Hindernisse sehen,
– sie vermitteln eine Vision,
– sie haben konkrete Ziele,
– sie können auch Nein sagen.

Sechs Aspekte für den geistlichen Leiter
Wolfgang Dünnebeil nennt hier (Christsein heute Forum Nr. 81):
– Nähe zur Gemeindearbeit
– Vorbildcharakter
– Selbstkritik und Kritikfähigkeit
– Hören (auf Gott, auf die Geschwister, auf gute Freunde, auf die Gesellschaft)

- Gebet für die Gemeindearbeit
- Verschwiegenheit

Zehn Werte zum Führungsauftrag
Heijo Rieckmann nennt dazu (in: Werte haben Zukunft. Konzepte christlicher Führungskräfte, Brunnen, Gießen 2003):
- Christus als Lebensinhalt (Philipper 1,21; 1. Korinther 3,22)
- Charakterstärke
- Wertschätzung von Menschen
- Realismus
- Kommunikation
- Kreativität und Innovation
- *Empowerment* (qualifizieren, loslassen, bevollmächtigen)
- *Dynaxibility* (die Dynamik und Komplexität der Ereignisse erfolgreich und lebensfördernd verarbeiten)
- Leib Christi (gemeinsam statt einsam)
- Gebet

Erwartungen der Gemeinde

Die gibt es natürlich auch, manchmal sogar sehr umfangreich und spezifiziert, wie die folgende Anekdote beschreibt: »Hier habe ich eine Bewerbung für unsere Pfarrstelle«, sagt der Vorsitzende des Presbyteriums, »aber der Kandidat ist nicht ganz gesund, er bleibt nie lange an einem Ort, sondern reist gern umher. Wo er war, hat es manchen Streit gegeben, weil er ein Dickkopf ist. Ein bisschen vergesslich ist er und Organisation ist auch nicht seine Stärke. Frau und Familie hat er auch nicht, soll aber ein guter Theologe sein.« Das Presbyterium lehnt den Bewerber ab. »Eigentlich schade«, sagt der Vorsitzende, »das wäre der Apostel Paulus gewesen.«

Da könnte mancher vorschlagen, sich den neuen Leiter oder Pastor selbst zu backen, denn dann könnte man die »Zutaten« bestimmen.

Bernd Gaumann antwortet auf die Frage: »Was erwartet die Gemeinde von mir als geistlichem Leiter?« mit vier Gesichtspunkten (in: Christsein heute Forum Nr. 82):

– Sie hat ein starkes Bedürfnis nach Leitungsamt,
– sie möchte ihre Gaben entdecken,
– sie will gelobt werden
– und sie sucht Vorbilder im Wort, im Benehmen, in der Liebe, im Glauben, in der Reinheit.

Persönliche Voraussetzungen

Kommen wir zur direkten Verbindung von Leitungsverantwortung und Machtausübung zurück. Nachdem wir die Hinweise von Otto Imhof zu strukturellen Voraussetzungen betrachtet haben, zitiere ich nachfolgend drei Voraussetzungen, die in der Person des Machtausübenden begründet sein müssen, damit Macht nicht manipuliert oder ausbeutet, sondern stärkt, fördert und dem Leben dient:

– »Um verantwortlich mit Macht umgehen zu können, muss jemand durch Gott, die Macht der Liebe, vom Bann der Macht befreit worden sein. Verantwortlich umgehen, das heißt verantwortlich leben kann nur, wer mit Macht verantwortlich umgehen kann, wer sich nicht in den Händen der Macht befindet. Dann kann Macht, legitim und zielführend, eingesetzt werden um Gemeinde zu bauen und die Welt mitzugestalten, um Menschen zur Entfaltung ihres Lebens zu helfen.
– Wichtig ist dabei das Wesen des Machtausübenden. Wer ist er im Innersten? Es kommt nicht so sehr darauf an, was er macht, sondern wer er ist. Wovon ist der Machtausüben-

de zutiefst ergriffen und erfüllt? Wo ist er letztlich aufgehoben? Worauf ist er ausgerichtet? Es geht um nicht weniger als um die Frage nach seinem ganzen Lebensentwurf.
– Macht macht was. Und sie ist immer da. Es kommt darauf an, wer der Träger der Macht ist. Ist er ein Mensch des Friedens? Der Barmherzigkeit? Der Liebe? Einem solchen Menschen kann man geordnet, kontrolliert, mit bestem Gewissen Macht anvertrauen. Mit der Auflage bestimmter Ziele. Dafür bekommt er die Macht.

Beides, strukturelle und personelle Voraussetzungen müssen zusammenkommen, sonst können doch wieder gewissenlose Menschen einzelne organisierte Positionen besetzen.«

Auf den Punkt gebracht: »Es kommt nicht so sehr darauf an, was der Machtausübende macht, sondern wer er ist.« Denn in dem Maße, in dem wir der Liebe Gottes in uns Raum geben, wird für egoistisches Machtgebaren immer weniger Platz sein. Wir können nicht zwei Herren dienen!

> »Es kommt nicht so sehr darauf an, was der Machtausübende macht, sondern wer er ist.«

»... aber die Liebe ist die größte unter ihnen« (1. Korinther 13,13)

Aus Spannungen und Krisen, bis hin zur Zerrüttung einer Gemeinschaft, kommen wir nicht heraus, solange wir die Liebe nicht haben. Erst mit Gottes Liebe und in Beachtung seiner Ordnungen werden alle gestärkt und beteiligen sich über den eigenen Vorteil hinaus oder sogar ohne ihn an der Gemeindearbeit. »Nun sind der Dienst und die Herrschaft geeint und die Gemeinschaft zerfällt nicht mehr in zwei Gruppen, von denen die eine bloß regiert, die andere bloß dient, sondern der Dienst ist die Pflicht aller und das Maß der Macht ist eins mit dem Maß des Dienens. Nur so wird unsere

Macht zum Zeichen und Zeugnis für Gottes Herrschaft, weil Gott durch die Betätigung seiner Gemeinde regiert« (Adolf Schlatter, Die christliche Ethik).

Paulus mahnt in Römer 12,9-21 mit eindringlichen Worten zur Liebe. Echt soll die Liebe sein, nicht falsch. Herzlich soll sie sein, nicht halbherzig. Er erinnert an die Gastfreundschaft und ermutigt uns zum Segnen. Frieden sollen wir halten und Gott die Rache überlassen. Er spricht von Liebe untereinander und bleibt dennoch nicht in der Horizontalen stecken, sondern bezieht immer auch die Vertikale, unsere Beziehung zu Gott, ein.

Immer wieder möchten Liebende vom anderen hören und natürlich auch erleben, dass sie noch geliebt werden. Dass das Feuer nicht erloschen ist. Dass nicht ein anderer an die erste Stelle gerückt ist. Liebe ist eben mehr als Nettigkeit und Gefühl. Dreimal fragt Jesus Christus seinen Jünger Simon Petrus: »Hast du mich lieb?«. Erst danach, als das geklärt und eindeutig beantwortet ist, bekommt Simon den Auftrag: »Weide meine Lämmer« (Johannes 21,15ff). Die Liebe zu Jesus und daraus folgend zu seiner Gemeinde ist die unverzichtbare Grundlage allen Dienstes. Das fängt im Kleinen an, wird aber mit zunehmender Verantwortung und Macht immer wichtiger. Allein die Liebe zu Gott und Menschen ist das tragfähige Motiv unseres Dienstes.

Bedürfnisse und Rechte leitender Mitarbeiter

Diesen Aspekt zu verschweigen, wäre unfair, denn wie bereits dargestellt wurde, geht Macht nicht nur von Leitern aus. Sie sind genauso oft Opfer, nicht Täter, wenn es um Machthunger und Machtmissbrauch geht.

– Leiter und Mitarbeiter brauchen Unterstützung, denn sie sind gefährdet. Eine Gefahr ist zum Beispiel die des Ausbrennens, des so genannten Burnout. Dies ist ein verbreitetes Phänomen, dessen Ursache ehrlicherweise nicht nur beim Leiter selbst gesucht werden darf. Wer viel Verantwortung trägt, ist gefährdet durch Einsamkeit (weil man in ihm nur den Leiter und nicht den Menschen sieht) und durch fehlendes Korrektiv (wen wundern dann Alleingänge und Steckenpferde?).

– Leiter brauchen wegen eigener blinder Flecken den »Spiegel« durch andere (siehe Kommunikation), um Grenzüberschreitungen, Scheingefechte, einseitige Sichtweisen und Lehren wahrzunehmen.
– Leiter brauchen konstruktiv-kritische Begleitung, die zuallererst einmal positiv zu betrachten ist. Gerade in Zeiten knapper Finanzen könnte man sich vom Maler und Dichter Michelangelo (1475-1564) inspirieren lassen. Der sagte: »Kritik ist kostenlose Beratung; ich lerne noch.« Kritik anzunehmen zeugt von innerer Reife.
– Weil Leitungsmitglieder oft kritisiert werden, brauchen sie einen Ausgleich durch Anerkennung und Ermutigung, denn sonst besteht die Gefahr, dass Leiter ihrerseits um Anerkennung kämpfen. Und Ermutigung motiviert, die Ärmel wieder hochzukrempeln. Oder neu zu vertrauen.

Bernd Gaumann spiegelt darum die Frage mancher Leiter wider, ob es sich bei ihrem »Amt« noch um eine lohnende Aufgabe oder um ein Martyrium handelt. Warum sonst ist es heute so schwer, Geschwister zu finden, die bestimmte Funktionen übernehmen? Es liegt gewiss nicht nur daran, dass kaum noch jemand Zeit hat oder man auf Dauer vereinnahmt wird. Es muss die Möglichkeit geben, ein Amt ohne schlechtes Gewissen und Ärger auch wieder abgeben zu können.

Ich habe aber den Eindruck, dass der zeitliche Aspekt oft ein vorgeschobenes Argument darstellt. Viele haben Angst,

> *Warum sonst ist es heute so schwer, Geschwister zu finden, die bestimmte Funktionen übernehmen?*

den Anforderungen einer Aufgabe nicht gewachsen zu sein. Auch die Zahl derer, die Angst vor den anderen in der Gemeinde haben, ist groß. Nicht wenige Älteste fühlen sich als Prügelknaben. »Verwundet aus Angriffen und Vorwürfen fragen sie sich: ›Warum machen wir das überhaupt? ... Sind wir am falschen Platz?‹ Manch einer wirft vorzeitig das Handtuch. Viele sind froh, wenn sie die Last des Amtes wieder los sind« (Bernd Gaumann, Christsein heute Forum Nr. 82).

Mit zwei markanten Sätzen zeigt der Theologe Adolf Schlatter dem gemeindlichen Gegenwind klare Grenzen auf. Er schreibt: »Der Widerstand der Gemeinde ist nur so lange berechtigt, als wir uns gegen die Verführung und Bedrückung durch unsere Geistlichen zu schützen haben.«

»*Versieht der Geistliche (Leiter) mit entschlossenem Gehorsam nach der Regel Jesu sein Amt als Dienst, dann, aber auch nur dann, hat er auch das Recht, von der Gemeinde den entschlossenen Gehorsam zu verlangen, mit dem sie Gott zu ehren hat, und dann wird er ihn auch finden*« (Schlatter, Die christliche Ethik).

Wäre der geistliche »Gehorsam« einer Gemeinde größer, wenn mehr Transparenz gegeben wäre, wenn Leitungssitzungen nicht hinter ganz dicken Türen abgehalten würden, nicht nur gelegentlich etwas nach außen dringen würde? Liegt da die Brutstätte für Misstrauen und Untergrundkämpfe? Allerdings, auch dessen bin ich mir aus eigener Erfahrung in Leitungskreisen bewusst, beschreiten wir immer eine Gratwanderung zwischen gebotener Verschwiegenheit (mal zum Schutz Betroffener, mal um Pyromanen keinen Zündstoff zu liefern) und erforderlicher Transparenz (damit Leitungsmacht überprüfbar und nachvollziehbar ist).

Hat Ulrich Wilckens – selbst seinerzeit Bischof der Nordelbischen Evangelisch-Lutherischen Kirche – Recht, wenn er in seiner Bibelübersetzung in 1. Timotheus 3,1 bezogen auf das Bischofsamt von einer »herrlichen Aufgabe« spricht, oder ist Luthers Wiedergabe treffender: »Wenn jemand ein Bischofsamt begehrt, der begehrt eine hohe Aufgabe«?

Bücher, Zeitschriftenartikel, Programme im ERF, Seminare und Kongresse ... Gerade in den letzten Jahren, seit Supervision, Coaching und Mentoring Eingang in viele Gemeinden gefunden haben, bietet der Markt eine bunte Palette empfehlenswerter Impulse zum Thema Leitung, denn über allgemeine Kriterien hinaus ist das Interesse an geistlicher Leiterschaft erwacht.

10. »Nun tu doch was ...!«

... denn wenn du nicht handelst, wirst du behandelt. Ich will zwar nicht behaupten, dass jeder seines Glückes Schmied ist, aber jeder hat doch viele Möglichkeiten aktiv etwas zu tun statt nur passiv etwas zu erleiden. Dabei gilt es zunächst zu beachten, dass wir die anfangs genannten Verhaltensweisen (s. »Heiligt der Zweck die Mittel?«) nicht nur zu unserem Vorteil einsetzen. Damit wäre schon manches erreicht.

> ... denn wenn du nicht handelst, wirst du behandelt.

Ein Bild vom prinzipiell strafenden Gott und fehlende Selbstsicherheit bzw. Angst vor anderen führen dazu, dass Menschen sich unfähig fühlen bzw. untätig sind und in missbrauchenden Systemen verharren. Die Folge davon ist, wie beim Alkoholismus, eine so genannte Co-Abhängigkeit. Dazu schreiben David Johnson und Jeff VanVonderen in ihrem Buch: »Geistlicher Missbrauch«: »Manchmal trägt das Ausharren in einem missbrauchenden System nur dazu bei, dessen Fassade als gesundes, nicht missbrauchendes System aufrechtzuerhalten. So werden die falschen Leiter davor geschützt, zur Rechenschaft gezogen zu werden.«

Was soll man tun? Ausharren und still leiden? Die Gemeinde wechseln? Oder sich den Mund verbrennen und Missstände zur Sprache bringen? Ausharren und still zu leiden, wenn Machtmissbrauch überhand nimmt, wäre falsch. Für sich selbst und andere lohnt es sich zu kämpfen und den guten Kern einer lebendigen, geisterfüllten Gemeinde wieder freizulegen. Platz zu machen, damit Gott wieder segnen kann, wo ihm bisher Menschen im Weg standen. Aber wie?

Wem klar geworden ist, dass er bisher auf ungute, unfaire Weise nur seine Ziele im Blick hatte und diese auch auf Kosten anderer zu erreichen versuchte, der sollte sich Gedanken darüber machen,

- ob auf diesen Zielen und in dieser Vorgehensweise zukünftig Segen liegen kann,
- ob es nicht andere, verantwortbare Wege gibt, um die gleichen Ziele zu erreichen,
- ob nicht andere Ziele, die der Gemeinschaft dienen, in den Blick kommen müssten,
- ob nicht Gespräche mit kompetenten Vertrauenspersonen notwendig sind, um umzudenken und sein Verhalten objektiv reflektieren und verändern zu können,
- ob nicht Buße und Vergebung längst fällig und die notwendige Voraussetzung für weitere Veränderungen sind.

Und die anderen, die sich eher auf der Seite der Opfer sehen? Ihnen gilt bei den folgenden Impulsen in besonderer Weise mein Augenmerk.

Das so genannte »Geistliche« hat nicht immer Vorrang!

Ich erinnere in diesem Zusammenhang an die überraschende Anweisung Jesu in Matthäus 5,23f, der zufolge wir erst zu klären haben, was zwischen uns steht, bevor wir am Altar unsere Gabe opfern. Es geht nicht vorrangig darum, etwas für Gott zu leisten oder ihm zu geben, denn: »Gehorsam ist besser als Opfer« (1. Samuel 15,22). Gehorsam Gott gegenüber hat aber wesentlich damit zu tun, wie wir miteinander umgehen, vor allem in seiner Gemeinde. Solcher Gehorsam ist schwer, keine Frage. Aber darin anbeten und ehren wir den Herrn viel mehr als durch liturgische Anbetungsgesänge, in die man ohne persönliches Risiko Sonntag für Sonntag einstimmen kann. Anbetung ist Hingabe. Paulus spitzt es in Römer 12,1 zu, wenn er darauf verweist, dass wir unsere Körper hingeben sollen als ein Opfer, das Gott gefällt. »Das sei euer vernünftiger Gottesdienst«, schreibt er. Und auch in Vers 2 spricht der Apostel die Erneuerung unseres Sinnes an, um Gottes Willen zu erkennen und zu tun. Das ist mehr als der Dienst, den viele als Opfer für Gott verrichten, mehr als die auf einige Liedstrophen reduzierte Anbetung. Gott erwartet mehr!

Geh hin, denn die Liebe findet einen Weg. Die Bequemlichkeit findet eine Ausrede.

»Lass dein Opfer, lass deinen Gesang«, sagt Jesus, »geh erst hin und kläre, was zu klären ist. Lass dein Opfer, geh dich erst entschuldigen. Lass dein Opfer, es bringt doch so nichts.« Geh hin, denn die Liebe findet einen Weg. Die Bequemlichkeit findet eine Ausrede.

Viele Christen glauben, das Geistliche habe immer Vorrang. Nein, sagt Christus, es kann sogar unnütz und irreführend sein, wenn das Menschliche nicht stimmt. Wie bei Kain, dessen Opfer Gott nicht angenommen hat. Das Böse in diesem Mann siegte, bis zum Brudermord. Das Böse siegt in vielen Menschen, bis zum Rufmord. Darum: Gehorche Gott und kläre deine Beziehung.

Erstens, zweitens, drittens

Erst unter vier Augen reden, dann Zeugen hinzuziehen und zuletzt möglicherweise die Gemeinde informieren.

Die Reihenfolge, die Jesus seinen Jüngern in Matthäus 18,15-17 vorgibt, lautet: Erst unter vier Augen reden, dann Zeugen hinzuziehen und zuletzt möglicherweise die Gemeinde informieren.

Das Gespräch unter vier Augen wird bei verhärteten Fronten schwierig oder sogar unmöglich sein. Wenn die Gefahr einer Eskalation im Zweiergespräch größer ist – Gespräche unter vier Augen gescheitert sind –, tut man manchmal auch gut daran, ihr auszuweichen und in Anwesenheit einer neutralen dritten Person zu kommunizieren.

Der irakische Übergangspräsident kommentierte kürzlich das frühere Regime unter Saddam Hussein und sagte, dass der Diktator nur durch das Eingreifen von außen entmachtet werden konnte, weil man im Lande in einem totalen Überwachungsstaat gefangen war. Das war religiöser und politischer Machtmissbrauch in Vollendung.

Zurück zur Gemeinde: Neutrale Dritte sind wichtig, denn sie können dem, der etwas ansprechen will, ein gutes Korrektiv sein. Sie können beraten hinsichtlich der Art und Weise einer Kritik oder in Bezug auf einen günstigen Zeitpunkt dafür. Sie können durch ihre Sicht bereits zur Klärung beitragen. Sie können aber auch jemandem den Rücken stärken, sodass er oder sie ermutigt wird, auch kritische Anfragen vorzutragen. In manchen Gemeinden ist das sehr schwer, weil Kritik grundsätzlich als böse, ungeistlich, unbiblisch oder als Werk des Teufels bezeichnet wird. Wer etwas gegen Leiter oder die Gemeinde sagt, steht manchmal da wie einer, der den Glauben verraten und Gott verlassen hat. Viele christliche Gemeinden haben nie gelernt, mit guter Kritik, die fördern statt fertig machen soll, angemessen umzugehen. Das ist leider eine Hypothek aus früheren Zeiten, unter der vielerorts heute noch gelitten wird.

»Einer trage des andern Last, so werdet ihr das Gesetz Christi erfüllen«, schreibt Paulus an die Christen in Galatien (6,2). Das heißt auch, dass wir nicht unbeteiligt wegsehen dürfen, wenn andere leiden oder unterdrückt werden. Die Haltung: »Das geht mich nichts an« geht in einer Gemeinde nicht. Die Reaktion: »Das habt ihr euch selbst eingebrockt, nun seht auch zu, wie ihr es wieder klarkriegt«, ist ungeistlich. Entweder wir bilden gemeinsam diesen Leib Christi oder nicht. Jeder ist ein Teil der Gemeinde. Bei 50 Mitgliedern ist jeder ein Fünfzigstel, nicht mehr, aber auch nicht weniger. Und damit gilt dieses Gesetz Christi, Lasten zu teilen, auch ihm.

Stillstand ist Rückschritt

Also bitte nicht die Hände resigniert in den Schoß legen und alles einfach laufen lassen. Aber auch nicht darauf warten, dass andere sich die Finger schmutzig machen oder den Mund verbrennen, wenn sie für uns die Kohlen aus dem Feuer holen. Wer Missstände in Machtstrukturen erkennt, ist selbst gefordert. Ausnahmen bestätigen die Regel, aber dies gilt zunächst einmal als Grundsatz, denn es ist besser Schrittchen zu gehen, als von großen Sprüngen zu träumen. Und kleine Schritte sind den meisten möglich, es sei denn, das Machtgebaren anderer hat bereits extreme Formen angenommen.

Wer Missstände in Machtstrukturen erkennt, ist selbst gefordert.

Der Anfang ist zwar nicht alles, aber ohne den Anfang ist alles nichts. Womit fängt es denn an? Doch damit, dass jemand in irgendeiner Weise bemerkt, dass ein anderer mächtig auftritt und seine Ziele auf Kosten der Mitmenschen erreichen will. So hatten wir zu Beginn das Problem umrissen. Jemand bemerkt es in seinem Umfeld – oder bei sich selbst. Als Indikator spielen Gefühle wie Ärger oder Angst dabei eine entscheidende Rolle. »Da stimmt was nicht«, »das kann doch nicht wahr sein«, »ich will das nicht« ...

Der nächste Schritt nach dieser Wahrnehmung besteht darin, sich Verstehenshilfe zu holen. Entweder im Gespräch mit jemandem. Oft verbünden sich Betroffene, wie wir im Kapitel: »Druck erzeugt Gegendruck« gesehen haben. Man fragt Außenstehende. Oder liest Fachliteratur, um Machtstrukturen und Motive von Machtmenschen zu durchschauen. Dabei kommt es zum Aha-Effekt, weil plötzlich Erfahrungen und Zusammenhänge verständlich werden – sowohl im Verhalten des Machtmenschen als auch bei sich selbst in der Opferrolle.

Vorsicht: Falle!

Gut gemeint haben es die Eltern, die ihre Kinder schon bei Gesellschaftsspielen immer gewinnen ließen, um ihnen das Verlieren zu ersparen. Gut gemeint, verboten Eltern ihrem Mädchen jahrelang das Fahrrad fahren, denn es hätte ja hinfallen können. Gut gemeint, nehmen Eltern ihre Kinder vor der »bösen Welt« in Schutz.

Auch ich habe vier Kinder und in gewissen Zeiten mit meiner Frau solche Einschränkungen zum Schutz vornehmen müssen. Aber wer es wirklich mit dem Kind (!) gut meint, muss es selbstständig werden lassen. Auch Kinder lernen am meisten aus eigenen Fehlern. Wer lebensfähig werden soll, muss lernen zu verlieren und hinzufallen. Nur so lernt man auch aufzustehen. Erziehung bietet Leitplanken, wie auf der Autobahn. Aber man sperrt das Auto nicht ständig in die Garage.

Darum ein wichtiger Tipp: Fallen Sie nicht auf Menschen herein, die alles »gut gemeint« haben. Es klingt zwar sehr lieb und selbstlos, wenn jemand (»gut gemeint«) für einen anderen Entscheidungen trifft und ihn damit übergeht. Oder wenn sich jemand (»gut gemeint«) in Leitungsaufgaben drängt, um andere zu entlasten. Vorsicht vor dieser Machtfalle: Wer alles nur »gut meint«, will im Grunde für andere bestimmen, was gut ist! Manche Fachleute gehen sogar so weit zu behaupten, dass alles, was gut gemeint ist, letztlich falsch (weil zutiefst egoistisch) ist.

> *Wer alles nur »gut meint«, will im Grunde für andere bestimmen, was gut ist!*

Wer auf »gut Gemeintes« hereinfällt, ist zu gutgläubig! Halten Sie inne, wenn Ihnen nächstes Mal jemand sagt: »Ich habe es doch nur gut mit dir gemeint«! Hat die Person es nicht primär mit sich selbst gut gemeint? Die Arbeit wieder mal selbst erledigt, weil man es doch besser kann als Sie. Die Entscheidung für Sie getroffen, weil man ungeduldig mit Ihnen ist und sein eigenes Ziel erreichen will. In der Gesprächsrunde geantwortet, obwohl Sie angesprochen und gefragt waren, weil Ihre Antwort seiner Befürchtung nach vielleicht peinlich geworden wäre.

Wo stehe ich, wo will ich hin?

»Wir wissen zwar nicht, wo's langgeht, aber wir beeilen uns trotzdem«, stand einmal in der Zeitung. Beim Nachdenken fielen mir tatsächlich einige Menschen ein, die nach diesem Motto durch ihr Leben hetzen. Ziellos, aber gehetzt. Unsicher und getrieben. Aber man kann nicht durch Geschwindigkeit wettmachen, was an Richtung fehlt. Mancher hat eine falsche Richtung eingeschlagen, hat sich für Machtkämpfe entschieden, um überhaupt etwas zu erreichen. Ratsam ist das nicht.

Man kann nicht durch Geschwindigkeit wettmachen, was an Richtung fehlt.

Klarheit über sich selbst ist eine wichtige Voraussetzung für Schritte in eine neue Richtung. Nur wer weiß, wo er steht, kann sich orientieren, wohin er möchte – und welcher Weg folglich einzuschlagen ist. Wer als Spaziergänger unterwegs ist und sich mit Hilfe einer Wanderkarte orientieren will, der muss nicht nur sein Ziel kennen, sondern auch den augenblicklichen Standort und die Himmelsrichtung wissen. Selbst ein Navigationssystem im Auto funktioniert nur nach diesem Prinzip. Erst wenn unser Standpunkt »geortet« ist, kann der Weg zum Ziel beschrieben werden.

Menschen, die keine eigene Meinung haben und ihren Standpunkt weder kennen noch vertreten können, haben es ebenso schwer wie die Ziellosen. Machtmenschen ist es ein Leichtes, sie zu manipulieren. »Geh hier entlang«, sagen sie, und der andere geht, denn er weiß es ja nicht besser. »Hilf mit«, fordern sie, und der andere übernimmt noch eine Aufgabe, zu der er vielleicht weder Kraft noch Begabung und schon gar keine Freude hat. »Glaube mir, ich meine es doch nur gut mit dir«, so locken sie, und der andere fällt leichtgläubig darauf rein.

Der eigene Wille ist keine ungeistliche Lebensart, die grundsätzlich zu bekämpfen wäre oder »gekreuzigt« werden müsste. Gott hat uns als mündige Menschen geschaffen, weil er uns so wollte. Dass darin auch das Risiko falscher Entscheidungen liegt, ist unumstritten. Aber wir können, dürfen und müssen entscheiden. Immer wieder fordert uns das Leben – oder sogar Gott? – dazu heraus.

> Erst wenn unser Standpunkt »geortet« ist, kann der Weg zum Ziel beschrieben werden.

Willensschwäche bedeutet Entscheidungsschwäche. Dadurch kommt es zu unklaren und für alle Beteiligten unbefriedigenden Situationen, wie Jesus sie im Gleichnis von den zwei ungleichen Söhnen (Matthäus 21,28ff) anspricht. In Begegnungen mit verschiedenen Menschen stellt der Sohn Gottes die Frage: »Was willst du, dass ich für dich tun soll?«. Erstaunlicherweise fragt er das sogar kranke Menschen (Lukas 18,41; Johannes 5,6), bei denen wir wie selbstverständlich davon ausgehen, dass sie gesund werden wollen. Jesus will es offenbar von den Menschen selber hören: Was willst du?

Er stülpt niemandem etwas gegen seinen Willen über. Jesus nimmt uns ernst. Wenn ein Kranker sagt, dass sein Herzenswunsch ein zuverlässiger Freund ist, mehr noch als gesund zu werden, wird Jesus das nicht übergehen. Gott will unseren Willen. Aber was wollen wir?

> Der eigene Wille ist keine ungeistliche Lebensart, die grundsätzlich zu bekämpfen wäre oder »gekreuzigt« werden müsste.

Und wie leben wir nach dem Willen Gottes? »Unreife Christen können in ihrem Bemühen, sich Gottes Führung zu unterstellen, in Passivität oder Kritiklosigkeit bei wichtigen Lebensentscheidungen verfallen« (Samuel Pfeifer in: Glaubensvergiftung – Ein Mythos?). Und reife Christen? Sie wissen zum einen, dass Gott sie mit eigenem Willen und Verantwortlichkeit ausgestattet, ihnen seinen Geist gegeben hat. In Gesprächen mit anderen, im Lesen seines Wortes und im Hören auf das Reden des Heiligen Geistes kristallisiert sich für sie heraus, was Gottes Wille ist.

Zum anderen ist ihnen klar, dass es manchmal eben gar nicht klar ist, was Gott will. Da hilft dann auch das modische wwjd-Armband mit der steten Erinnerung What would Jesus do? nicht konkret, das viele junge Christen tragen, um ihren Wunsch zum Ausdruck zu bringen, nach Gottes Willen zu leben: Will Gott nun Bruder Müller als Gemeindeleiter oder Bruder Meier? Soll ich einen Handwerksberuf erlernen oder Missionar werden? Will Gott, dass unsere Kinder eine christliche Schule besuchen? Dürfen wir uns ein so teures Auto eigentlich leisten? Ist Maria die richtige Ehefrau für mich? Gott, bin ich zu streng?

What would Jesus do?

Wir suchen Klarheit, aber nicht immer werden wir sie bekommen. Das fordert uns heraus, selbst zu entscheiden, was manchen Menschen gar nicht so liegt. Sie erhalten lieber klare Vorgaben, an denen sie sich orientieren oder gegen die sie rebellieren können. Aber selbst entscheiden bedeutet ja, auch selbst Verantwortung zu übernehmen. Und davor scheut mancher zurück, der das nie lernen konnte oder sein Leben lang unter der Peitsche anderer parieren musste. »Korrigiere gnädig«, so habe ich mir zu beten angewöhnt, wenn ich in Situationen »nach bestem Wissen und Gewissen« entscheiden muss, ohne wirklich Klarheit von Gott zu haben.

Ja sagen, Nein meinen?

Der eine will niemanden enttäuschen, ein anderer traut sich selbst zu viel und den anderen zu wenig zu. Manch einer sucht den Dank und die Anerkennung seiner Mitmenschen. Wieder jemand will sich unentbehrlich machen. Man hat ein falsches Zeitgefühl, will lästige Diskussionen umgehen, fühlt sich übermäßig verpflichtet, ist inkonsequent, hat ein schwaches Selbstbewusstsein usw. Finden Sie sich in diesen möglichen Gründen wieder, Ja zu sagen, obwohl man Nein meint? Kennen Sie auch das andere Extrem: Nein zu sagen, obwohl man gerne Ja gesagt hätte?

Schwarz oder weiß? »Sagt einfach Ja oder Nein; jedes weitere Wort stammt vom Teufel«, sagt Jesus Christus in Matthäus 5,37 *(Gute Nachricht Bibel)*. Er spricht damit nicht alle Entscheidungssituationen an. Sondern ihm geht es um Wahrheit und Glaubwürdigkeit, er wendet sich hier gegen das Schwören.

Viele Situationen lassen mehrere Antworten zu. Kein Grund also, schwarz-weiß zu denken. Besser ist es, die Zwischentöne des Lebens in den Blick zu bekommen. Oft gibt es nicht nur Ja oder Nein, nicht nur richtig oder falsch.

– »Übernimmst du nächstes Mal die Leitung der Gesprächsgruppe?« Ja – nein – oder: »Bitte versuche jemand anderen zu finden. Ich kann nur einspringen, wenn sonst niemand zusagt.«
– »Kommst du am Wochenende zu uns?« Ja – nein – oder: »Es klappt nur, wenn ich mich besser fühle.«
– »Kaufen wir uns den neuen Wagen jetzt oder nicht?« Ja – nein – oder: »Wahrscheinlich schon, aber erst müssen wir noch eine Weile sparen.«
– »Willst du mich heiraten?« Ja – nein – oder: »Ich habe noch keine Klarheit, lass mir bitte noch etwas Zeit.«

So können in schwer wiegenden Fragen wie bei Kleinigkeiten Zwischenlösungen aussehen, die eine angemessene

Entscheidung vorbereiten. Das gibt Luft und entkrampft. Es bewahrt vor Ärger, Enttäuschung oder Überforderung.
Dazu müssen wir uns Fragen erlauben:
– In welchen Situationen antworte ich anders als ich eigentlich will?
– Bei welchen Personen habe ich das Gefühl, manipuliert zu werden?
– Warum tappe ich oft in diese Falle und gebe die »falsche« Antwort?
– Warum glaube ich, dass meine erste Antwort falsch oder zumindest ungünstig war?
– Will bzw. muss ich die Konsequenzen meiner Entscheidung tragen?
– Wie reagieren die anderen, wenn ich nicht wie gewohnt antworte?
– Wie sehe ich mich selbst? Was will ich?
– Habe ich dieses Problem, weil ich zu viel oder zu wenig an mich selbst denke (beides ist möglich)?

Vielleicht hilft Ihnen das folgende »Raster gegen das Laster« bei Entscheidungsfindungen:
– Ich kann / ich kann nicht
– Ich will / ich will nicht
– Ich darf / ich darf nicht
– Ich muss / ich muss nicht

Machen wir es an einem Beispiel deutlich. »Vor zwei Wochen sprach mich unser Prediger in Bezug auf meine Mitarbeit in unserer Gemeinde an. Ich gehöre schon viele Jahre dazu und engagiere mich im Hauskreis und bei der Gottesdienstleitung. Nun meinte er, ich könnte auch noch die Verantwortung für unseren Gemeindebrief übernehmen. Ich habe versucht abzulehnen und mich dann doch breitschlagen lassen. Das ärgert mich. Und der Ärger verhindert, dass ich Gottes Willen erkenne. Und jetzt?«

Anhand des Fragenrasters könnte ein solcher Denkprozess so aussehen:

- *Ich kann nicht.* Begründung: Ich fühle mich fachlich überfordert. Diese Aufgabe entspricht nicht meinen Gaben. Es war falsch, dass ich zugesagt habe. Ich werde die Entscheidung rückgängig machen, damit wir sie gabenorientiert (1. Petrus 4,10) neu bedenken.
- *Ich will nicht.* Begründung: Von der Sache her könnte ich schon, aber so nicht. Unser Prediger hat mich überredet, meine Einwände gar nicht ernst genommen. Das ärgert mich. Ich werde ihm das mitteilen und klären. Vorher habe ich Kopf und Herz nicht frei (1. Korinther 13).
- *Ich darf nicht.* Begründung: Meine Gesundheit lässt nicht noch mehr Arbeit zu. Mit Rücksicht auf meine Familie (1. Timotheus 3,4.12) darf ich – auch in der Gemeinde – nicht noch mehr übernehmen. Zu viel Arbeit macht mich außerdem aggressiv und unzufrieden.
- *Ich muss nicht.* Begründung: Ich bringe mich in zwei Bereichen intensiv ein. Es kann nicht sein, dass einige gar nichts machen und andere – die wie ich nicht gut Nein sagen können – bekommen noch mehr Aufgaben. Wir müssen die Arbeit besser verteilen (1. Korinther 12).

Wichtig ist es nun, alle vier möglichen Antworten noch einmal ohne ablehnende Haltung zu betrachten. Dabei bekommt man dann auch stärker in den Blick, ob Gott einen in einem Dienst haben will und welche Schritte für einen dran sind, nämlich: Klärung des Ärgers, Rücknahme der Zusage oder Anpacken der neuen Herausforderung, die Entdeckung der Würde, die eine Aufgabe und Verantwortung auch beinhalten usw.

Dieses kleine Denkmodell kann in den konkreten Herausforderungen des Alltags eine Hilfe sein, nicht nur in der Gemeinde. Probieren Sie es doch einmal aus und stellen Sie Für und Wider schriftlich gegenüber (das ist effektiver als sich »nur« ein paar Gedanken zu machen). Dadurch wird es Ihnen leichter fallen, nicht unreflektiert und übereilt Ja oder Nein zu sagen, sondern sich der eigenen Wünsche ebenso bewusst zu sein wie der persönlichen Grenzen.

Verantwortlich zu leben hat nicht nur mit den anderen zu tun, sondern auch mit mir selbst.

Vergessen Sie nicht, was der Dichter und Autodidakt Friedrich Hebbel (1813-1863) sagte: »Es gehört mehr Mut dazu seine Meinung zu ändern, als ihr treu zu bleiben.«

> *Verantwortlich zu leben hat nicht nur mit den anderen zu tun, sondern auch mit mir selbst.*

Distanz und Nähe müssen sein

Befriedigende Beziehungen beginnen da, wo man sich klar abgrenzt. Am besten wäre es daher, wir würden uns in angemessener Weise um ein ausgewogenes Verhältnis von Distanz und Nähe bemühen.

Unterschiedliche Gründe führen dazu, dass Menschen ein distanziertes Verhältnis zueinander haben, etwa Schüchternheit oder Abneigung, Stolz oder Bequemlichkeit, Enttäuschung oder Angst vor Überforderung. Dann halten wir uns jemanden »vom Leib«. »Die Menschen bezahlen die Vermehrung ihrer Macht mit der Entfremdung von dem, worüber sie Macht ausüben«, so bezieht der Soziologe und Philosoph Max Horkheimer (1895-1973) diesen Aspekt auf unser Thema.

> *Befriedigende Beziehungen beginnen da, wo man sich klar abgrenzt.*

Distanz ist an sich nicht negativ, sie kann als Selbstschutz sehr sinnvoll sein. Denn zu viel Nähe erdrückt. Oder verführt. Wie auch immer, wir brauchen ein ausgewogenes Verhältnis. Mit Distanz und Nähe beschreiben wir eine Gratwanderung. Beides wird ganz individuell erlebt und erlitten. »Wenn du etwas liebst, lass es frei.« Kleine Kinder können vor lauter »Liebe« ein Tierchen oder sogar das kleine Geschwisterchen fast erdrücken. Aber Liebe zeigt sich darin, den anderen loszulassen und ihm die Freiheit zur eigenen Entfaltung zu gewähren. Das gilt auch für Erwachsene und ihre pubertierenden Kinder. Oder für eine Gemeinde und die junge Generation, die ihren eigenen Weg und ihren eigenen Glauben finden muss. Zu glauben, wie die Eltern und Ältesten glauben, reicht nicht. Glaube ist persönliche Nachfolge mit eigenen Gotteserfahrungen.

Und Nähe? Überwinden Sie ungute Distanz und gehen Sie aufeinander zu. Dabei hilft es, wenn Sie versuchen, durch die Brille des anderen zu sehen. Gerade wenn man in einem Konflikt steckt und sich übereinander ärgert, ist es heilsam, gedanklich in die Haut des anderen zu schlüpfen. In therapeutischen Gesprächen wird das unterstützt, indem man sich auf verschiedene Stühle setzt. Es kann helfen, auf dem Stuhl des Klassenlehrers zu sitzen und sich dabei vorzustellen, wie es ihm mit den Dauerstörern geht. Oder auf dem Stammplatz des Gemeindeleiters. Oder auf dem Platz von Vater oder Mutter am Esstisch. Dabei kann man aus der Sicht des anderen fragen:

– Wie muss er sich eigentlich fühlen, wenn ich mich so verhalte wie vorhin?
– Warum hat er so traurig oder sauer reagiert?
– Warum ist ihm dieser Aspekt so wichtig?
– Was ist seine Ausgangsposition, sein biographischer Hintergrund?
– Was würde ich an seiner Stelle denn jetzt tun oder sagen?

Und dann? Suchen Sie das Verbindende. Gerade wenn wir streiten, haben wir vorwiegend das Trennende im Blick, denn wir sind um die Wahrung unser eigenen Interessen und um Abgrenzung bemüht. Die Argumentation und Position des anderen zu verstehen, verbindet. Gemeinsame Sichtweisen, und sei es nur zu untergeordneten Aspekten, verbinden. Der Wunsch nach einer Lösung des Konfliktes, auch wenn noch lange kein Konsens sichtbar ist, verbindet. Je mehr Land Sie gemeinsam einnehmen, desto kleiner wird der Kriegsschauplatz. Und die zurückgewonnene Nähe hindert Sie an manch kräftigem Schlag.

Je mehr Land Sie gemeinsam einnehmen, desto kleiner wird der Kriegsschauplatz.

Auf solch einer Basis kann man sich zusammensetzen, um sich fair auseinander zu setzen. Denn auch wenn wir Verbindendes neu in den Blick bekommen, ist das Trennende dadurch nicht automatisch vom Tisch.

»Was hast du gesagt?«

»Was habt ihr denn heute in der Sonntagsschule gehört?« – »Das Gleichnis vom warmherzigen Samariter.«

Kapriolen der Kommunikation, gerade aus Kindermund, füllen Bücher und sind eine Fundgrube guten Humors. Da werden dann aus den Bischöfen als »rechtmäßigen« Nachfolgern der Apostel die »recht mäßigen« Nachfolger.

»Du, die Kaffeekanne ist leider schon leer.« – »Ja, danke, ich nehme gerne noch eine Tasse.« Das ist weniger lustig, kommt dem Alltag aber näher. Denn die meisten Missverständnisse und ihre Folgen sind nicht lustig. Im Gegenteil, die Auswirkungen können gravierend sein.

Verstehen setzt gelingende Kommunikation voraus. Die wird uns aber nicht in die Wiege gelegt, sondern muss erlernt werden. Niemand sollte meinen, an seiner Art zu kommunizieren gäbe es nichts mehr zu verbessern. Der katholische Autor Lothar Zenetti sagte einmal: »Wir reden dauernd. Wir reden dauernd aneinander vorbei.« Und dann empfiehlt er: »Vielleicht schweigen wir uns wieder zusammen.«

Durch gute Kommunikation können wir beieinander bleiben. Es kann gelingen, auch brisante Botschaften ohne problematische Verzerrungen vom Sender zum Empfänger zu transportieren. Was halten Sie von diesen zehn Basisregeln gelingender Kommunikation:

– Ich muss wissen, was ich will (Subjektivität, eigene Wertmaßstäbe kennen).
– Der andere ist ein anderer (Biographie, aktuelle Situation beachten).
– Gelingende Kommunikation ist auch eine Zeitfrage (Zeit nehmen, griechisch: *kairos,* vielleicht auf einen besseren Zeitpunkt vertagen).
– Klare Botschaften senden (Offenheit riskieren, keine abstrakten Umschreibungen).
– Nicht nur der Ton macht die Musik (im Gespräch wirken 7 Prozent Inhalt, 38 Prozent Tonfall und 55 Prozent Gestik und Mimik).
– Wer schweigt, redet auch (es ist unmöglich, *nicht* zu kommunizieren).
– Aktiv zuhören (»entschlüsseln« der Botschaft, Rückfragen stellen).
– Kommunikationsbarrieren beachten (Vorurteile, Reizworte, Drohungen, Ablenkung ...).
– Stimmen Wort und Tat überein (Theorie und Praxis, Authentizität)?
– Übung macht den Meister (im Gespräch bleiben, Einseitigkeiten aufbrechen).

Versuchen Sie sich an Ihre letzte missratene Kommunikation zu erinnern. War das eher lustig oder problematisch? Und woran hat es gelegen?

Eine kleine, aber wirksame Übung, einander besser zu verstehen, kann der so genannte kontrollierte Dialog sein. Dabei unterhalten sich zwei Personen spielerisch über ein belangloses und ungefährliches Thema und vertreten dabei unterschiedliche Standpunkte. Wichtig ist, den anderen ausreden zu lassen. Es geht nicht um ein Streitgespräch, sondern ums Verstehen, denn nur dann können wir uns auch verständlich machen. Darum ist es wichtig, vor jeder Antwort kurz zu wiederholen, was der andere zuletzt gesagt bzw. was man verstanden hat. Vergewissern Sie sich, ob der andere tatsächlich gemeint hat, was bei Ihnen ankam. Erst dann geht es weiter. Später kann es auch hilfreich sein, den kontrollierten Dialog bei heißen Themen zu praktizieren, etwa bei der Frage, ob eine Frau Mitglied in der Gemeindeleitung sein kann oder ob Eltern ihre Kinder schlagen dürfen.

Versuchen Sie sich an Ihre letzte missratene Kommunikation zu erinnern. War das eher lustig oder problematisch? Und woran hat es gelegen?

Schreib mal wieder

»Gelesen, gelacht, gelocht«, so kommentierte unser Coach den Umgang mit der Papierflut im Betrieb. Gesprächsnotizen, Telefonnotizen, Protokolle, Aktennotizen, Skripte, Konzepte, jede Menge Papier. Man nimmt es kurz zur Kenntnis, lacht vielleicht über das eine oder andere und legt es ab: Gelesen, gelacht, gelocht? Oder: gelesen, gedacht, gemocht! So kann es auch gehen, und zwar nicht nur beim Schreiben von Liebesbriefchen auf rotem Papier. Schriftliche Kommunikation kann sehr wertvoll sein und ist in manchen Situationen äußerst hilfreich:

– Ich kann meine Aussagen in Ruhe formulieren.
– Ich kann meine Worte prüfend von einem Dritten lesen lassen.
– Ich habe selbst etwas Schriftliches in der Hand.
– Mein Gegenüber wird lesen, was ich geschrieben habe.

– Niemand kann dazwischenreden.
– Geschriebenes kann mehrmals gelesen werden.
– Was ich geschrieben habe, kann nicht so leicht wie gesprochene Worte verdreht werden.
– Schreiben hilft, wenn die Gemüter so erhitzt sind, dass das Gespräch fast unmöglich ist (aber Achtung, man kann auch beim Schreiben übers Ziel hinausschießen!).
– Man hält gemeinsam fest, was für die Zukunft wichtig ist (etwa Zielformulierungen).

Dann streitet mal schön!

»Friede ist nicht die Abwesenheit allen Kampfes, sondern die Anwesenheit Gottes« (Eva von Tiele-Winckler, Gründerin zahlreicher Diakonissen- und Kinderhäuser, 1866-1930). Beide Satzteile fordern geradezu heraus, Meinungsverschiedenheiten fair auszutragen.

Es wäre falsch, Streit als böse einzustufen. Auch als Christen haben wir es mit unterschiedlichen Meinungen ebenso zu tun wie mit schuldhaftem Verhalten. Darüber muss gesprochen werden. Schon Gottes Wort belegt, dass es nicht ohne Streit geht und dass erst mancher Streit zu einem guten Ergebnis geführt hat. Nur wenn Streiten negativ gesehen wird, weil es dabei auch mal lauter werden kann, stoßen wir auf Gegenwind. Natürlich wollen die meisten Menschen Harmonie. Doch manche Menschen sind so harmoniesüchtig, dass sie nicht merken, wie viel Zündstoff sie selbst liefern.

Manche Menschen sind so harmoniesüchtig, dass sie nicht merken, wie viel Zündstoff sie selbst liefern.

Zur positiven Streitkultur ist viel geschrieben worden. Ich beschränke mich hier auf hilfreiche Aspekte aus einer ERF-Sendung von Kurt Scherer zum Thema: »Friedensmacher – positiv streiten lernen«, ohne sie zu kommentieren:

- Ich mache mir bewusst: Mein Gesprächspartner ist wie ich eine von Gott geliebte Persönlichkeit.
- Ich will meine Gedanken unter die Zucht des Heiligen Geistes stellen.
- Ich erbitte von Gott Weisheit, zur rechten Zeit zu reden und im richtigen Augenblick zu schweigen.
- Ich halte Person und Sache auseinander.
- Ich rechne keine alten Geschichten und Fehler aus der Vergangenheit auf.
- Ich sage meine subjektive Meinung.
- Ich frage zurück, wenn ich die Zusammenhänge nicht verstanden habe, um Missverständnisse zu vermeiden.
- Ich denke erst und reagiere nicht voreilig.
- Ich sage die Wahrheit in Liebe.
- Ich vermeide Spitzen, die den anderen verletzen.
- Ich spreche meinen Ärger aus und achte darauf, dass meine Gefühle nicht unsachlich werden.
- Ich versuche mich in meinen Gesprächspartner hineinzuversetzen.
- Ich respektiere seine Meinung und bin offen für neue Erkenntnisse.
- Ich achte seine Andersartigkeit.
- Ich nehme ihn in seinem Verhalten und Fühlen ernst.
- Ich höre bewusst zu und lasse andere ausreden.
- Ich stehe zu meiner Schuld und bitte um Vergebung.
- Ich strebe die Überwindung des Trennenden an.
- Ich begleite unsere Begegnungen und Gespräche mit Gebet.

Mit Humor geht (fast) alles besser

»Ich freue mich immer, wenn schlechtes Wetter ist. Denn wenn ich mich nicht freue, ist auch schlechtes Wetter.« Das hat doch was: Niemand ändert das Wetter dadurch, dass er launisch ist und meckert. Also kann man die Sache genauso gut locker angehen. Das entspannt, denn nicht das Wetter ist schlecht, sondern unsere Einstellung dazu. Wie so oft im Leben. Aber manch miesepetriger Zeitgenosse braucht seinen Ärger wohl, damit überhaupt etwas Aufregendes passiert. Die Adrenalinausschüttungen, die durchs Lachen verursacht sind, machen aber mehr Spaß und sind gesund. Außerdem gehört das Lachen zu unserem Leben wie das Atmen.

»Ein jegliches hat seine Zeit, und alles Vorhaben unter dem Himmel hat seine Stunde: Weinen hat seine Zeit, lachen hat seine Zeit; klagen hat seine Zeit, tanzen hat seine Zeit« (Prediger 3,1.4). Wenn wir das nicht beherzigen, enden wir so, wie es Sören Kierkegaard beschreibt: »Traurig grüßt der, der ich bin, den, der ich sein sollte.« Das drückt so viel »Atemnot« aus, weil wir vieles im Leben zu ernst nehmen. Das sind dann oft hausgemachte Probleme, für die nur wir selbst verantwortlich sind.

Humor, auch das Lachen über sich selbst, »ist der Knopf, der verhindert, dass uns der Kragen platzt« (Joachim Ringelnatz, Dichter, 1883-1934). Auch in der Psychotherapie wird Humor als heilsames Mittel geschätzt. Über das eigene kindliche Ich zu lachen ist zum Beispiel ein wirksames Mittel gegen Selbstmitleid. Wer seine Absurditäten nicht relativieren und auch mal darüber lachen kann, verstrickt sich in auswegslosen Zwängen und Kommunikationsfallen. Auch in Gruppen sind Lachen und Humor kleine, aber feine Erfolgsrezepte. Lachen (nicht Auslachen!) stärkt zwischenmenschliche Beziehungen. Das erklärt auch, warum es oft ansteckend ist.

Will Gott vielleicht viel mehr Humor und Leichtigkeit, auch und gerade unter Christen? Dann könnten wir ja in das

Lied von Diethelm Strauch einstimmen: »Seid fröhlich, ihr Christen, hört auf immerfort zu klagen, wenn ihr euch nicht mehr freuen könnt, wer kann es dann?«

»Das Lachen ist eine Kraft des Herzens, die nicht der Wirklichkeit aus dem Wege geht und sorglos an Abgründen spielt. Es vergisst nicht die schweren Wolken und das drohende Dunkel. Es zeigt nur das kleine Blau des Himmels ... Das Lachen verschwendet nicht sinnlos die Stunden, sondern erfüllt sie mit dem Widerschein des Lächelns Gottes« schreibt der Pallottinerpater Hans Wallhof.

> »Das Lachen verschwendet nicht sinnlos die Stunden, sondern erfüllt sie mit dem Widerschein des Lächelns Gottes.«

Und der Apostel Paulus gibt den Rat: »Haltet euch nicht selbst für klug.« Und davor heißt es: »Seid eines Sinnes untereinander. Trachtet nicht nach hohen Dingen, sondern haltet euch herunter zu den geringen« (Römer 12,16). Sich herunterhalten, das heißt sich beugen, vom hohen Ross herabsteigen und miteinander darüber lachen, was wir einander eingebrockt haben. Humor schafft eine heilsame Distanz zur eigenen Verbohrtheit. Ich halte solches Lachen für ein Geschenk Gottes, dass manchmal hilft, wo wir alles andere, vor allem das scheinbare Geistliche, bereits versucht haben und doch nicht weitergekommen sind. Lachen kann eine Gnade sein.

> Humor schafft eine heilsame Distanz zur eigenen Verbohrtheit.

Als Referent habe ich oft die Gelegenheit, meine Zuhörer, ihre Mimik und Körpersprache, zu beobachten: Die einen sitzen starr wie Wachsfiguren und verziehen keine Miene, selbst wenn ich versuche, ein ernstes Thema mit humorvollen Bemerkungen aufzulockern. Andere lachen. Manche lächeln eher versteckt, denn Lachen ist auch ein Erkennungsreflex: Der Lächelnde gibt zu verstehen, dass er das angesprochene Problem auch kennt, fühlt sich vielleicht ertappt.

Gelegentlich empfehle ich meinen Zuhörern, dass sie sich daheim vor einen Spiegel stellen und sich in die Augen schauen sollen. Nicht nur kurz, sondern einige Augenblicke, vielleicht eine Minute. Wer das tut, wird irgendwann anfangen zu grinsen. Dann ziehen sich die Mundwinkel langsam nach oben. Wer auch angesichts von Ärger und Streit über sich lachen kann, für den habe ich Hoffnung.

Der Blick in den Spiegel kann helfen, sich den folgenden Fragen zu stellen:

– Warum war ich nur so dumm?
– Warum habe ich mich da so kleinkariert verhalten?
– Wäre es etwas lockerer nicht viel besser gelaufen?
– Warum nehme ich mich und diese Sache nur so wichtig?
– Ist es wirklich den Zerbruch einer Beziehung, oder die schwere Hypothek für unsere Kinder, wert?
– Was machen wir hier eigentlich?
– Was tun wir bei wirklich großen Herausforderungen, wenn wir jetzt schon aus einer Mücke einen Elefanten machen?

»Wer lachen kann, dort wo er hätte heulen können, bekommt wieder Lust zum Leben« (Werner Finck). Natürlich ist das kein Allheilmittel, natürlich sollen Nöte nicht verharmlost oder erforderliche Problemlösungsschritte ersetzt werden. Aber ein Lächeln kostet nicht viel. Und es ist die kürzeste Brücke zwischen zwei Menschen. Denken Sie wirklich, ohne Sie liefe nichts? Vergessen Sie nie, dass jeder Mensch – vom Bischof bis zur Sonntagsschulleiterin, vom Topmanager bis zum Auszubildenden – in dem, was er tut und leistet, zu ersetzen ist.

Über sich selbst lachen? Probieren Sie es doch mal (wieder) aus, am besten direkt vor Ihrem Spiegel ...

Kritik wagen – Kritik vertragen

»Wer austeilen kann, muss auch einstecken können«, sagt man. Wer andere kritisiert, aber selbst nicht bereit ist, sich hinterfragen zu lassen, ist unglaubwürdig. Er hat sich selbst als unverbesserlich und stolz disqualifiziert und kein Recht, andere zurechtzuweisen.

Wer sich nicht selbst hinterfragen lässt, hat kein Recht andere zurechtzuweisen.

Wenn wir über uns selbst lachen und nicht alles so verbissen sehen, fällt es uns auch leichter, angemessen mit Kritik umzugehen. In meiner jahrelangen seelsorgerlichen Beratung habe ich oft erlebt, dass Kritik vorwiegend negativ verstanden wurde. Doch wir sollten ihre konstruktiven Anteile entdecken und nutzen, denn Kritik ist kostenlose Beratung. Hier also ein kleiner Exkurs, der zugleich viele bisher aufgeführten Impulse zusammenfasst:

1. Was ist das Ziel kritischer Äußerungen (Motivation prüfen)?
– Andere abwerten, um sich selbst aufzuwerten (eigene Fehler)?
– Die Beruhigung des eigenen Gewissens?
– Den anderen in unsere Vorstellung pressen, über den anderen verfügen?
– Lieblosigkeit, Überheblichkeit, Wichtigtuerei, Rechthaberei, Neid, Eifersucht ...?

2. Bin ich »der Richtige«, um zu kritisieren (Splitter und Balken, Matthäus 7,3)?
– Übe ich Rache?
– Ist unsere Beziehung belastbar?
– Reden wir auch sonst miteinander?

3. Ich denke mich in den anderen hinein: Wie ist seine Sicht?
– Warum denkt er anders?

– Wie wirke ich auf ihn?
– Was treibt ihn in die Enge?

4. Gebetsvorbereitung
– Wann ist ein günstiger Zeitpunkt?
– Aktualität und Gefühlslage beachten.
– Das rechte Worte zur rechten Zeit sagen (keine heuchlerische Einleitung mit »dickem: aber ...«).
– Die Wahrheit in Liebe sagen (1. Korinther 13).

5. Einzelne Punkte nennen, keine Generalabrechnung
– Kritik möglichst bald äußern, solange die Eindrücke frisch sind; sonst sammelt sich vieles an.
– Lieber weniger ansprechen, aber dafür »erfolgreich« und gründlich.
– Nicht auf andere »Kampfplätze« flüchten, wo ich stärker bin (Retourkutsche).
– Aus beginnender Eskalation aussteigen.

6. Keine alten, geklärten Themen als Vorwurf oder Druckmittel verwenden
– Was vergeben ist, ist vergeben.
– Aktualität, Zeitbezug beachten.

7. Zuerst unter vier Augen reden
– Keine Bloßstellung vor anderen.
– Manchmal braucht es Zeugen.

8. Person und Sache unterscheiden
– Die Sache, ein Verhalten, ist vielleicht »schlecht«, nicht aber der Mensch.
– Verallgemeinerungen vermeiden (»typisch Frau,« »wie deine Mutter«, »immer«, »aus dir wird nie etwas«).
– Spontane Reaktionen und Gefühle gehen von persönlicher Betroffenheit bzw. Abwertung aus.

9. Fragen und Eindrücke statt Angriffe
– »Ich habe den Eindruck ...«

- »Mir ist aufgefallen ...«
- Der Sicht des anderen eine Chance geben.

10. Kritik wagen – Kritik vertragen
- »Was du nicht willst, dass man dir tu, das füg auch keinem anderen zu.«
- »Nicht andern predigen und selbst verwerflich werden« (1. Korinther 9,27).

Wer sich für Kritik bedanken kann, ist auf dem richtigen Weg. Das gilt selbst dann, wenn wir mit Konsequenzen rechnen oder selbst Konsequenzen ziehen müssen, weil wir uns etwa gegen Machtmissbrauch wehren oder auf Klärungsprozesse einlassen. Wenn jemand ausschert, der Teil eines übermächtigen oder missbrauchenden Systems geworden ist, geht es anders weiter als vorher. Soviel ist sicher: Wenn ich mich ändere, kann und wird der andere nicht so bleiben, wie er ist.

Wer sich für Kritik bedanken kann, ist auf dem richtigen Weg.

Veränderung steht an:
- Man durchschaut Machenschaften.
- Man lässt sich nicht mehr alles gefallen.
- Man entwickelt eine eigene Perspektive.
- Man lernt Nein zu sagen.
- Man schweigt nicht länger.
- Man übernimmt Verantwortung für sich selbst und für andere.
- Man geht neue Wege.

Nicht immer kann man neue Wege gemeinsam gehen. Manche Entwicklung erfordert auch eine deutliche Distanzierung. Dann bleibt als letzte Konsequenz nur eine Trennung. Wie gut, dass das kein Ende, keine Sackgasse sein muss, sondern ein Aufbruch zu neuen Ufern. Und erfreulich ist, dass

Menschen, die fortan getrennte Wege gehen, nicht Feinde sein müssen. Vielleicht kommen sie sogar besser miteinander aus als vorher.

»Dann geh ich eben!«

Die Gemeinde zu wechseln ist eine letzte Möglichkeit, wenn Gespräche nichts verändern und es keine Chance gibt, dass Wunden heilen können. Wo eine gesunde Glaubensentwicklung verhindert wird, die zu mündigem Christsein und einer frohen Heilsgewissheit führt, kann man auf Dauer nicht bleiben, ohne Schaden zu nehmen. Letztlich ist nicht die einzelne Denomination entscheidend, sondern dass man Glied am Leib Jesu Christi bleibt. Und das kann man dann auch in einer anderen Gemeinde, die sich an der Bibel orientiert und Jesus Christus als Herrn bekennt.

Dort, wo man ein Gemeindemitglied nicht segnend in eine solche Gemeinde ziehen lassen kann, sollte man selbstkritisch prüfen, ob man geistlichem Missbrauch nicht bedenklich nahe gekommen ist.

Das kommt vielleicht zum Ausdruck, indem massiver Druck und emotionale Erpressung ausgeübt werden, zu bleiben. Doch es gibt nicht die »eine richtige« Gemeinde. Wer solch ein Selbstverständnis vermittelt, übt geistlichen Druck aus, raubt Geschwistern die Freiheit und richtet andere christliche Gemeinden. »Ohne uns läuft nichts«, so denken manchmal auch ganze Gemeinden oder gar Denominationen. Wer gehen will, dem wird dann mindestens ein schlechtes Gewissen gemacht, dem werden in den übelsten Fällen Konsequenzen angedroht. Das reicht dann von an-

> *Dort, wo man ein Gemeindemitglied nicht segnend in eine solche Gemeinde ziehen lassen kann, sollte man selbstkritisch prüfen, ob man geistlichem Missbrauch nicht bedenklich nahe gekommen ist.*

geblichen geistlichen Folgen (schwere Sünde, ein enttäuschter Gott) bis hin zu Rausschmiss oder Mobbing anderer Angehöriger.

Diese Reaktionen sind zwar verbreitet, aber – das liegt auf der Hand – keineswegs biblisch. Jesus hat den Menschen nie, nicht einmal in der Frage des Heils, ihre freie Entscheidung genommen.

Vertrauen können und ehrlich werden

Natürlich ist es nie das Ziel, getrennte Wege zu gehen, sondern miteinander unterwegs zu sein. Und das geht nicht ohne Vertrauenswürdigkeit und Vertrauen.

Wo Vertrauen schwindet, rückt Misstrauen nach.

»Nichts kann den Menschen mehr stärken als das Vertrauen, das man ihm entgegenbringt« (Adolf von Harnack, Theologe, 1851-1930).

»Vertrauen ist das zentrale Element von Liebe in all ihren Formen« (Rudolf Affemann, Psychotherapeut).

»Das Vertrauen ist eine zarte Pflanze. Ist es zerstört, so kommt es so bald nicht wieder« (Otto von Bismarck, Politiker, 1815-1898).

Diese drei markanten Zitate lassen erahnen, wie wertvoll Vertrauen ist. Aber jeder macht für sich selbst wichtige Erfahrungen. Mal sind sie erfreulich, mal betrüben sie uns. Wo Vertrauen schwindet, rückt Misstrauen nach. Wo Vertrauen verloren ist, besteht dringender Klärungsbedarf. Diese Fragen können dabei eine Hilfe sein:

– Wie muss jemand sein, damit ich vor ihm ehrlich werden kann?
– Was blockiert mein Vertrauen zu anderen Menschen?
– Bin ich nachtragend? Und wie zeigt sich das konkret?

- Bin ich bereit zu vergeben und eine neue Chance zu gewähren?
- Wodurch verhindere ich, dass andere zu mir Vertrauen fassen können?
- Habe ich den Mut, konkret nachzufragen, um keine falschen Gedanken zu verfolgen?
- Stecken dahinter gezielte Motive (Abwehrmechanismen), um »meine Ruhe« zu haben?
- Welche vertrauensbildenden Maßnahmen kann ich ergreifen, damit mir niemand ängstlich begegnen muss?

Dann sind es vielleicht »nur noch« fünf Gebetsschritte, um langsam wieder aufzubauen, was zerstört wurde.

- *Wer wagt den ersten Schritt?* »Herr, lass mich der sein, der auf andere zugeht und nicht nur darauf wartet, dass die anderen zu mir kommen und mit mir reden. Gib mir Mut und hilf mir.«
- *Wer wagt Offenheit?* »Herr, wo ich mich ängstlich in Lügen verstrickt habe, gib mir Mut, Fehler und Schwächen zuzugeben und lass mich deine Hilfe erfahren und bekennen.«
- *Wer wagt klärende Gespräche?* »Herr, ich bitte dich um rechte Worte, damit ich niemanden verletze. Gib der Verständigung untereinander Gelingen und dadurch neues Verstehen.«
- *Wer wagt den Neuanfang?* »Herr, ich kenne die Gefahr, mit Worten zu vergeben, aber mit dem Herzen hinterherzuhinken. Lass mich Zeugnis und Bote deiner erneuernden Kraft und Liebe sein.«
- *Wer wagt sich ins Gebet?* »Herr, danke, dass ich mit dir reden darf; über mich und meine Schuld. Ich möchte dem Wirken deines Geistes stillehalten. Segne mich und segne uns.«

Darf ich auch segnen?

Karolin ist glücklich. Endlich ist es ihr gelungen, Mareike wieder zu ihrem Geburtstag einzuladen. Ein heftiger Streit vor fünf Jahren hatte die dicke Freundschaft zerstört, und alle guten Tipps, wie man aufeinander zugehen könnte, hatten nicht wirklich geholfen. Fünf Jahre lang hat Karolin von ihrer Exfreundin versöhnliche Schritte erwartet. Immer wieder war sie enttäuscht, wenn sich dann doch nichts tat. Dann hatte sie angefangen, für sich selbst zu beten und Mareike im Namen Jesu zu segnen. Anfangs wartete Karolin immer noch, dass sich bei Mareike nun endlich etwas bewegen würde. Doch stattdessen veränderte Gott Karolin: Sie gewann eine neue Sicht von sich selbst und von Mareike, die bald wieder zur Freundin wurde.

Um den Segen Gottes zu bitten, ist das eine. Dass wir nicht nur selbst unter dem Segen Gottes leben, sondern für andere zum Segen werden können, das ist das Schöne. Den Nächsten zu segnen ist nicht an ein geistliches Amt gebunden.

Gott segnet. Über die Vielfalt seines Segnens und seine Treue können wir nur staunen und dann auch bittend zusprechen: »Der Herr segne dich!« Im Bild gesprochen, legen wir einen Menschen Gott »ans Herz« und rechnen damit, dass er sich seiner erbarme. Segen umschließt, das wird gerade im Alten Testament deutlich, spürbare Wohltaten und heilende Beziehungen.

»Niemand empfängt einen Segen nur für sich selbst.«

Neben unserem Wunsch, dass Gott segnen möge, fordert die Bibel uns auf, ein Segen zu sein. Wie ein Echo des göttlichen Segens. Denn: »Niemand empfängt einen Segen nur für sich selbst«, sagte Friedrich von Bodelschwingh. Wer von Gott gesegnet ist, wer selbst Gottes heilendes Handeln erlebt, der will das auch andere spüren lassen. Für andere ein Segen zu sein, das zeigt sich zum Beispiel daran, dass wir auch die Menschen wahrnehmen und ihnen Gutes tun, die am Rand der Gesellschaft und der christlichen Gemeinde stehen. Es hat damit zu tun, dass wir verbinden, wo Streit ist, oder ein Licht anzünden, wo die Dunkelheit regiert. Es zeigt sich an unserem Umgang mit denen, die uns Böses tun und fluchen (Lukas 6,28). Wer in diesem Sinne zum Segnen bereit ist, wird selbst ein Gesegneter sein.

Das Gegenteil von Segen ist Fluch. Mancher Fluch versteckt sich in einem anderen, weit verbreiteten Phänomen:

Die Rache des kleinen Mannes

Matthias ist tief verletzt. Sein bester Freund hat ihm die Freundin ausgespannt. Gerade von ihm hätte er das nie erwartet. Zwei Jahre ist es inzwischen her, aber noch immer ist Matthias damit nicht fertig. Aus Rache betreibt er Telefonterror. Möglichkeiten dazu gibt es genug. Mag sein, dass sein ehemaliger Kumpel einen Verdacht hegt – Beweise hat er keine. Und so ruft Matthias immer wieder an, vor allem dann, wenn er weiß, dass seine Ex-Freundin gerade bei dem anderen ist.

Hanne friert. Immer, wenn sie dem Professor begegnet, läuft es ihr heiß und kalt den Rücken hinunter. Sie kann ihn nicht mehr sehen. Erst tat er so freundlich, dann hat er sie vor den Kommilitonen bloßgestellt und schließlich sogar dafür gesorgt, dass sie ihr Studium abgebrochen hat. In Gedanken hat sie bereits einen anonymen Brief an den Dekan mit bösen Verleumdungen über den Professor geschrieben. Bisher nur in Gedanken.

Rache ist die Folge einer empfundenen Ungerechtigkeit, die man passiv hinnehmen musste oder hingenommen hat. Man hat sich nicht gleich gewehrt, was konstruktiv hätte sein können, sondern hingenommen, was geschehen ist. Und dann gärt etwas im Menschen wie in einem Weinfass. Der Druck nimmt immer mehr zu. Ständiger Groll vergiftet eine

Beziehung, in der Unrecht geschehen ist. Dieser Groll ist nicht immer gleich stark. Er wird überlagert, verdrängt, aber nie wirklich vergessen. Eines Tages, wenn sich die Gelegenheit bietet, schlägt man zurück. Dann entlädt sich, was sich angestaut hat, und verschafft dem, der sich rächt, ein Gefühl der Genugtuung. Endlich kann er seine damalige Hilflosigkeit überwinden. Aus der Passivität wird Aktivität.

Rache macht die Langweiligen erfinderisch und die Zaghaften mutig.

Rache ist in unserem Staat und unserer Rechtsprechung nicht legitimiert, denn Rache kann Leben kosten, ganze Familien vernichten, Besitz zerstören, einen Ruf dauerhaft schädigen. Rache schafft keine Gerechtigkeit, auch wenn sie das persönliche Bedürfnis danach befriedigt. In der Regel entsteht neues Unrecht, weil Rache maßlos ist. Sie ergreift oft die ganze Person des Rachsüchtigen, sie hat nur das eine im Sinn. Sie übertreibt, setzt noch eins drauf, sie entmenschlicht den, an dem man sich rächen will. Und manchmal trifft sie gar nicht den eigentlichen Übeltäter, sondern eine Gruppe, der er angehört. Rache setzt voraus, dass der sich Rächende glaubt, er würde die zuvor geschehene Tat objektiv bewerten. In Wirklichkeit sieht er sie natürlich subjektiv. Rachsucht sitzt tief. Rache macht die Langweiligen erfinderisch und die Zaghaften mutig. In Gedanken wird dem Nachbarn ein Messingnagel in den Baum geschlagen, damit der eingeht. Dem bösen Gatten wird Gulasch samt Hundefutter gekocht; und ein Inserat unter falschem Namen sorgt dafür, dass der Feind peinliche Anrufe bekommt. Die Phantasie blüht. Um dem anderen eins auszuwischen, lässt man sich allerlei einfallen. Wie im Berufsleben beim Mobbing werden Menschen systematisch fertiggemacht. Rache ist fiese Feindseligkeit, die einen anderen bloßstellt und verletzt.

Wer sich rächen will, wählt zwischen versteckter oder offener Rache. Er plant und führt sein Vorhaben entweder so aus, dass er als Täter unerkannt bleibt, freut sich heimlich an der Vergeltung. Oder er stellt sich ganz offen dazu, nimmt weitere Eskalation in Kauf und badet ebenso offensichtlich in seiner Schadenfreude. Sehr oft spielt sich Rache allerdings nur in Gedanken ab. Letztlich hat man doch Hemmungen. Oder Angst vor den Folgen. Wohl jeder kennt solche Rachegedanken. Die Vorstellung beginnt mit Gedanken wie: »Eigentlich sollte man ihm auch eins auswischen« oder: »Die wird noch merken, was sie mir da angetan hat«. Nachts, im Traum, können solche Phantasien blühen. Da werden stille Wasser aufgewühlt. Wer sonst keiner Fliege etwas zu Leide tun kann, ist im Traum schon zum Killer geworden. Aber auch die bewussten Phantasien spielen eine Rolle. Man durchdenkt eine Situation, steigert sich hinein und wundert sich manchmal erschrocken über sich selbst, zu welch fiesen Gedanken man fähig ist. Die Phantasien reichen manchem schon, um sich abzureagieren. Eine Klärung der vorhandenen Beziehungsstörung wird dadurch aber nicht erreicht.

Übrigens gebietet die alttestamentliche Ordnung: »Auge um Auge, Zahn um Zahn, Hand um Hand, Fuß um Fuß, Brandmal um Brandmal, Beule um Beule, Wunde um Wunde« (2. Mose 21,24f) keine ausufernde Rache, sondern schränkt sie im Gegenteil ein, in dem die Verhältnismäßigkeit der Mittel zwischen Vergehen und Vergeltung wiederhergestellt wird.

Jesus Christus als Mittler des neuen Bundes zwischen Gott und Menschen spricht dagegen von Feindesliebe. Die schließt Vergebung ein und Rache aus. Rache ist ja keine augenblickliche Wut, die kommt und wieder geht. Wenn wir ihr aber nachgehen und nachgeben, frisst sie sich fest. Dann sprechen wir von Hass. Wer hasst, will zerstören. Hass ruft Rachegedanken hervor. Rache ist Schuld. Wer sich rächt, wird vom Opfer zum Täter.

Als Christen können wir mit einer ganz anderen Gelassenheit reagieren und dadurch Rachegelüsten den Boden entziehen, nämlich durch das Wissen, dass Gott angemessen mit einer Sache umgeht und wir selbst dabei nicht zu kurz kommen werden. Das steckt hinter der Aussage Gottes: »Die Rache ist mein« (5. Mose 32,35). Wenn einer angemessen damit umgehen wird, dann er. Und es wird nie wirklich zu Ungunsten eines Benachteiligten ausgehen. Wenn Gott einem Menschen die Rachegedanken nimmt und inneren Frieden einkehren lässt, dann reicht das. Dann muss der andere nicht auch noch Strafe erleiden. Rache an Gott abgeben, das heißt zu akzeptieren, dass Gott es richtig macht.

Wer sich rächt, wird vom Opfer zum Täter.

Und wie macht man das? Abgeben heißt wirklich loslassen, dem anderen wieder Gutes gönnen (Segen) oder zumindest nicht mehr darauf aus sein, dass ihm doch noch eins ausgewischt wird. »Die Rache ist mein«, sagt Gott und beansprucht dieses Recht für sich allein. Er erklärt Rache zu seinem Zuständigkeitsbereich. Das heißt aber nicht, dass wir Gott als unseren privaten Folterknecht einschalten können. Sofern in der Bibel von Gottes Rache die Rede ist, steht die Gewissheit seiner Gerechtigkeit und Treue immer im Hintergrund. Wer Rache an Gott abgibt, stellt Gott über das eigene Gerechtigkeitsempfinden.

»Vergib deinen Feinden, aber merk dir ihre Namen«

Es ist in der Bibel und darum auch in der Verkündigung viel von Vergebung die Rede. Warum steht die Vergebung vor der Vergeltung, warum sagt Gott: »Die Rache ist mein«?

Wer anderen vergibt, beendet nicht nur Streit mit dem anderen, sondern bringt auch in sich selbst die Wogen zur Ruhe, denn Vergebung kann von dauerhaftem Groll und Bitterkeit befreien. Zwar sagt der Volksmund: »Rache ist süß«, aber das stimmt ja nicht. Rache befriedigt nur ein bestimmtes Gefühl. Man sonnt sich in dem Schaden, den man einem anderen zugefügt hat. Rache ist nicht süß. Wer Rache übt, ist selten zufrieden. Rache hat immer auch mit Angst und oft mit einem schlechten Gewissen zu tun, wenn der Betreffende diese innere Stimme nicht längst zum Schweigen gebracht hat. Vergebung ist der neue, der allein gangbare Weg. Jeder möchte, dass seine Mitmenschen mit ihm barmherzig umgehen. Im Grunde möchte jeder in den Genuss von Vergebung kommen. Diesen Gedanken hat Jesus Christus in der so genannten Goldenen Regel aufgegriffen, indem er sagte: »Behandelt die Menschen so, wie ihr selbst von ihnen behandelt werden wollt« (Matthäus 7,12; *Gute Nachricht Bibel*).

Die biblische Antwort, warum wir vergeben sollen, lautet demnach: Weil Gott es will und weil uns selbst ja auch vergeben wurde. Der Apostel Paulus fordert auf, das Böse mit Gutem zu überwinden (Römer 12,21). Das ist nicht leicht, aber es geht. Böses mit Gutem zu überwinden ist das einzig wirkungsvolle Konzept, durch das wir selbst zu besseren Verhältnissen beitragen können. Gott hat es vorgemacht. Er vergibt uns um Jesu willen und durchbricht so als Erster den Teufelskreis der Aggression. Niemand muss mehr mit gleicher Münze heimzahlen, was ihm durch einen anderen zugefügt wurde.

Mit Köpfchen von Herzen vergeben – darauf kommt es jetzt an. Im Guten auseinander gehen – was heißt das eigentlich? In Situationen, wenn alles noch aufgewühlt ist, kommt es oft zu allgemeinen, manchmal auch oberflächlichen Versöhnungsritualen. Ein bisschen wird noch gekämpft, wobei nicht zu leugnen ist, dass jeder für sich, seine Ziele, sein Ansehen und seinen Vorteil kämpft. Aber wer kämpft, wird müde. Die Gegenwehr erlahmt, und irgendwann will man nur noch schnell aus dem Dilemma heraus und vergessen – und den anderen nicht mehr sehen.

> *Vergebung ist ein Willensakt und keine Gefühlssache.*

Eine Mischung aus »Restliebe«, Kräfteverschleiß und schlechtem Gewissen führt in solchen Beziehungskrisen oft zu Trennungen »im Guten«. Aber weil man an den frischen Verletzungen noch leidet, wird vielfach nicht wirklich ausgesprochen und aufgearbeitet, was zur Trennung führte. Nicht selten sind zwei Menschen ohne Hilfe von außen auch nicht dazu in der Lage. Alles ist noch aufgewühlt, die Gefühle liegen offen wie eine empfindliche Wunde.

»Die Zeit heilt alle Wunden!« Dieses Sprichwort gilt nur mit Einschränkungen. Denn so einfach im Sinne von »abwarten und Tee trinken« ist es nicht. Manches kann zwar zur Ruhe kommen, und eine gewisse Distanz ist hilfreich, aber Probleme sind allein dadurch nicht zu klären. Kommen die Dinge auf oder unter den Tisch? Manchmal erleben wir, dass Altes wieder aufbricht, evtl. sogar Vergebenes wieder aufgetischt wird. Aufgetischt? Ja, vielleicht kommt endlich auf den Tisch, was man vorher unter ihn fallen ließ – »um des lieben Friedens willen«. Die Folge ist, dass die Probleme mit zeitlicher Verzögerung wieder auftreten. Wut, Hilflosigkeit, Unverständnis, Verletzungen sind auf einmal wieder da. Dann braucht es eine neue Aussprache. Und endlich Klarheit in der Vergebung. Vergebung ist ein Willensakt und keine Gefühlssache. Kann man mich beim Wort nehmen? Entlasse ich den anderen durch meine Vergebung wirklich aus allen Schuldverpflichtungen? Nur dann wird eine Basis für gemeinsame Schritte in die Zukunft gegeben sein.

Prüfen kann man das »ganz einfach« daran, ob man dem anderen wieder ohne Groll und wohlwollend in die Augen schauen kann oder weiterhin seinem Blick ausweicht und ihm nicht standhält. So geht es doch recht vielen, die den Saal durch die hintere Tür verlassen möchten, wenn vorne eine bestimmte Person hereinkommt.

Vergebung ist nicht so leicht. Zweimal zu beten ist darum ratsam. Beten Sie für den anderen, mit dem es Streit gab. Und für sich selbst. Beten Sie darum, dass jeder auf seine

Weise verarbeiten kann, was schmerzhaft war, und (wieder) dankbar wird für das Schöne, dass Sie miteinander erleben werden.

Und wenn Sie schon um Vergebung beten, dann beziehen Sie doch mit David auch Ihre verborgenen Sünden ein, denn niemand kann merken, wie oft er schuldig wird. Vieles haben wir auch vergessen. Oder verdrängt. Aber das beseitigt keine Sünde. Also: »Wer weiß, wie oft er Schuld auf sich lädt? Strafe mich nicht, wenn ich es unwissend tat!« (Psalm 19,13).

Vielleicht nehmen Sie sich ein Liederbuch und lesen nach, singen es für sich.

Es gehört zum Schönsten, wenn sich zwei Streithähne die Hände reichen und einander wieder ohne Groll in die Augen schauen können. Eines der schönsten Lieder, in denen das beschrieben und vertont ist, haben Jürgen Werth und Johannes Nitsch geschrieben: »Wie ein Fest nach langer Trauer, wie ein Feuer in der Nacht ... So ist Versöhnung, so ist Vergeben und Verzeihn.« Vielleicht nehmen Sie sich ein Liederbuch und lesen nach, singen es für sich.

Füreinander da sein

Ich will weitergehende Merkmale einer »gesunden« Gemeinde nennen, Merkmale gelebter geistlicher Gemeinschaft, und konzentriere mich dabei auf fünf Aspekte. Mir ist bewusst, dass dem noch viele andere Gedanken hinzuzufügen wären.

Bitte bedenken Sie, welche Aspekte Ihnen auch über die Gemeinde hinaus, im Umgang mit Freunden, Nachbarn oder Arbeitskollegen, zugute kommen können, um miteinander gemeinsame Ziele zu erreichen. Schließlich liefert, darauf habe ich zu Beginn hingewiesen, unser Alltag viele Erklärungen für übermächtiges Auftreten und Kämpfe in der Gemeinde. Und ich bin über-

Gott ist auch außerhalb der Gemeinde unser Herr.

zeugt, dass nicht nur positive Veränderungen im Umgang der Christen untereinander gute Auswirkungen auf alle anderen Beziehungen haben können, sondern dass es auch andersherum möglich ist: Neues Verhalten und befriedigende Erfahrungen außerhalb der Gemeinde wirken sich auch positiv in der Gemeinde aus. Warum das so ist, liegt auf der Hand: Gott ist auch außerhalb der Gemeinde unser Herr.

Voneinander wissen / Anteil geben
– Ich suche (m)einen Nächsten und das Verbindende zwischen uns.
– Ich teile mich mit und gewähre Einblick in mein Denken und Fühlen.
– Ich vertraue (mich) dem anderen (an).
– Ich schätze seinen Rat, auch wenn er anders ist.

Aufeinander Acht haben / Anteil nehmen
– Ich habe echtes Interesse am Wohl des anderen.
– Ich erkundige mich nach seinem Ergehen (im Sinne positiver Kontrolle).
– Ich will sensibel sein.
– Ich übernehme Verantwortung.

Füreinander beten
– Das geht gemeinsam und allein.
– Beten ist keine Frage der Prioritäten im Kalender – sondern im Herzen.
– Ich glaube an die verändernde Kraft des Gebetes.
– Fürbitte schließt ein, dass Veränderung auch mich betrifft.

Miteinander dienen
– Unser Dienst ist Dienst für Gott und Menschen.
– Lieber weniges richtig als vieles falsch (oder halbherzig) machen.
– Gemeinsam geht's besser, auch wenn die Arbeit ganz unterschiedlich ist.
– Ich schätze die Horizonterweiterung und wage Neues.

Zueinander finden
– Wir beziehen unsere Ehepartner und Familien mit ein.
– Ich behalte die ganze Gemeinde im Blick, nicht nur »meine« Gruppe.
– Wir gehen Schwierigkeiten an, anstatt sie zu umgehen.
– Wir knüpfen neue Kontakte.

Ich greife an dieser Stelle noch einmal eine Definition von A. Noordegraaf auf, denn darin finde ich mich mit allem, was mich zu diesem Thema bewegt, was ich in Beziehungen entdeckt und gelernt habe und wie ich Gottes Wort verstehe, wieder: »Macht ist in allgemeinem Sinne die Möglichkeit, seinen Willen zur Realisierung von Zielen anderen aufzuerlegen. Nur im Gehorsam gegen Gott, im Dienst der Nächstenliebe und in der Begrenzung durch Recht und Gesetz kann Macht segensreich wirken und die Freiheit fördern.«

> Nur im Gehorsam gegen Gott, im Dienst der Nächstenliebe und in der Begrenzung durch Recht und Gesetz kann Macht segensreich wirken und die Freiheit fördern.

»Gott sei Dank!«

Das sagen viele unserer Zeitgenossen gedankenlos vor sich hin. Wie gut hat es der Mensch, der gelernt hat, diese drei Worte sehr bewusst zu sagen: Gott sei Dank! Da atmet die Seele auf, weil der in den Blick kommt, der sich unserer erbarmt. Und der weiter weiß, wo wir mit unserem Latein am Ende sind. Gott sei Dank.

Gott sei Dank, dass er uns seinen Heiligen Geist gesandt hat. Indem wir das Wirken des Heiligen Geistes zulassen und bezeugen, heben wir uns von soziologischen, psychologischen oder therapeutischen Empfehlungen ab. Keineswegs als Besserwisser. Auch nicht, um die Wissenschaften gering zu achten. Sondern, im Bild gesprochen, um mehr nach oben ausgerichtet zu sein.

> *Gott sei Dank. Ergänzen Sie, was Ihnen dazu in den Sinn kommt: Gott sei Dank ...*

Gott sei Dank für jeden, der seine Position und seine Möglichkeiten nicht zur eigenen Befriedigung missbraucht, sondern gemeinsam mit anderen gute Ziele erreichen will. Sei es im Beruf, in der Familie, in der Gemeinde ...

Gott sei Dank, dass Jesus Christus von falscher Führung ebenso befreien kann wie von belastenden, traumatischen Erlebnissen.

Gott sei Dank: Vergebung ist möglich!

Gott sei Dank, weil er seine Gemeinde immer noch liebt.

Gott sei Dank auch für jeden Christen, der die Gemeinde liebt. Ich möchte Ihnen dazu die »Liebeserklärung« eines unbekannten Verfassers nicht vorenthalten. Er hat sich diese Zeilen in seine Bibel geklebt; vielleicht machen Sie es ihm nach?

»Ich liebe die Gemeinde ...

- ... weil sie nicht vollkommen ist. Wäre sie vollkommen, passte ich nicht zu ihr. Ich bin so unvollkommen wie die Gemeinde.
- ... weil viele sie kritisieren, bestimmt sogar zu Recht kritisieren. Trotzdem will ich mich nicht schämen, ein Stück Gemeinde zu sein. Vor allem will ich nicht warten, bis die Gemeinde anders wird. Ich will vielmehr etwas tun, dass sie an meiner Stelle ein Stück anders wird.
- ... weil ich in ihr lerne, was Glauben ist. Und ich brauche Glauben. Oft kann ich meinen Glauben schlecht zum Ausdruck bringen. Aber ich will mich bemühen und mich darin üben. Weil ich meinen Glauben ›draußen‹ bewähren muss, will ich ihn in der Gemeinde üben.

... weil sie mich nicht in Ruhe lässt, wenn ich gleichgültig oder oberflächlich werde. Ich weiß, dass sind die eigentlichen Gefahren unserer Zeit. Oft erliege ich ihnen unbewusst. Umso mehr brauche ich die Gemeinde.

... weil in ihr andere sind, die wie ich den rechten Weg suchen durch diese Zeit und Welt. Miteinander wird uns in der Gemeinde der rechte Weg gewiesen.

... weil sie über sich selbst hinaus weist. Sie führt mich zum anderen hin, ja noch viel mehr: Sie ist für mich der Zeigefinger in die Ewigkeit.

Darum liebe ich die Gemeinde, auch wenn andere sie gering achten.«

> »Wo das Danken verstummt, kommen Denken und Leben auf die schiefe Bahn.«

Gott sei Dank. Ergänzen Sie, was Ihnen dazu in den Sinn kommt: Gott sei Dank ...

»Dankbarkeit ist die Wachsamkeit der Seele gegen die Kräfte der Zerstörung« (Gabriel Marcel, französischer Dramatiker und Philosoph, 1889-1979). Und der Theologe Klaus Haaker ergänzt: »Wo das Danken verstummt, kommen Denken und Leben auf die schiefe Bahn.«

11. Hauptsache Herrlichkeit

Ob wir an das Bischofsamt als eine »herrliche Aufgabe« denken, wie Ulrich Wilckens übersetzt, oder an das allgemeine Priestertum mit seinen verschiedenen Aufgaben, oder ob Christen den Blick über den Tellerrand der Gemeinde schweifen lassen und in Familie oder Beruf ihren eigenen Machthunger befriedigen oder unfreiwillig den Machthunger anderer stillen: So richtig »herrlich« ist das alles nicht. Wie auch? Wir sind ja nicht mehr im Paradies und noch nicht in Gottes neuer Welt.

Trotzdem gilt schon jetzt für die Schar der Erlösten, die sich zu Jesus und seiner Gemeinde bekennen und halten, was Paulus in Epheser 5,25-27 schreibt: »... wie auch Christus die Gemeinde geliebt hat und hat sich selbst für sie dahingegeben, um sie zu heiligen. Er hat sie gereinigt durch das Wasserbad im Wort, damit er sie vor sich stelle als eine Gemeinde, die herrlich sei und keinen Flecken oder Runzel oder etwas dergleichen habe, sondern die heilig und untadelig sei.«

> *»Jesus, wir sehen auf dich. Deine Liebe, die will uns verändern, und in uns spiegelt sich deine Herrlichkeit. Jesus, wir sehen auf dich.«*

Auch wer dieses Wort nur prophetisch versteht und auf die »dermaleinst« vollendete Gemeinde bezieht, wird nicht leugnen, dass trotz aller Unvollkommenheit auf Erden Gottes Herrlichkeit in Jesus Christus auf uns scheint. Peter Strauch, Präses des Bundes Freier evangelischer Gemeinden, bringt das in einem Lied zum Ausdruck:

»Jesus, wir sehen auf dich. Deine Liebe, die will uns verändern, und in uns spiegelt sich deine Herrlichkeit. Jesus, wir sehen auf dich.«

Gottes Herrlichkeit kann sich tatsächlich schon hier auf Erden spiegeln. Manchmal nicht mehr als die Sonne, die mühsam von einer Wasserpfütze reflektiert wird. Nicht mehr, aber auch nicht weniger. Darum soll auch am Ende dieses Buches, in dem wir selbstkritisch über uns und unsere Beziehungen nachgedacht haben, unser Blick noch einmal auf Gottes Herrlichkeit gerichtet sein, die mit Jesus Christus zu uns kam.

»Er, das Wort, wurde ein Mensch, ein wirklicher Mensch von Fleisch und Blut. Er lebte unter uns, und wir sahen seine Macht und Hoheit, die göttliche Hoheit, die ihm der Vater gegeben hat, ihm, seinem einzigen Sohn. Gottes ganze Güte und Treue ist uns in ihm begegnet« (Johannes 1,14; *Gute Nachricht Bibel;* vgl. Matthäus 16,27).

> Worauf wir blicken, das gewinnt Macht über uns.

Worauf wir blicken, das gewinnt Macht über uns. Wir wollen es haben, sei es Geld und Gut, Mensch oder Ehre. Mit aller Macht kämpfen wir darum. Es könnte an der Zeit sein, etwas anderes in den Blick zu bekommen. Jemand anderen, nämlich Gottes Sohn.

Wir haben viel über Gemeinde gesprochen. Und Sie als Leser haben an Menschen gedacht, die mit Ihnen eine Gemeinde bilden, einen Organismus. Paulus hat dazu in 1. Korinther 12 das treffende Bild des menschlichen Körpers aufgegriffen. Jedes Glied am Körper hat seine Platzanweisung, ist mit anderen verbunden und erfüllt eine Aufgabe. Und Gottes Sohn ist der Kopf dieses Körpers, das Haupt seiner Gemeinde. Darum ist die Gemeinde mehr als die Summe aller Glieder. Sie ist lebendige Gemeinde, weil sie dem auferstandenen Herrn folgt. Er ist das Haupt. Gott sei Dank bin ich es nicht. Gott sei Dank sind Sie es nicht. Und Bruder X und Schwester Y auch nicht.

Einzelne Glieder am Körper sind manchmal krank und tun weh. Sie ziehen andere in Mitleidenschaft, denn: »wenn ›ein‹ Glied leidet, so leiden alle Glieder mit« (Vers 26). »Das ist ja das Problem«, denkt mancher, der durch andere sehr in Mitleidenschaft gezogen ist. »Das wäre zu schön, um wahr zu sein«, kommentieren andere, die ihre Geschwister als unsensibel und distanziert wahrnehmen. Jeder aus seiner Perspektive.

Bei Machtgebaren und Machtmissbrauch in der Gemeinde knirscht es gewaltig in den Gelenken. Jesus möge mir verzeihen, wenn ich ihn nicht nur als Haupt, sondern auch mit dem Knorpel zwischen den einzelnen Knochen und Gelenken vergleiche. Wenn er nicht durch den Geist Gottes auch mitten unter und zwischen uns wäre, würden wir uns gegenseitig noch viel mehr weh tun. Wie es einen Menschen mit Arthrose schmerzt, wenn der Knorpel sich zersetzt, wenn Gelenke zerstört werden und sich die Knochen aneinander reiben und letztlich gegenseitig zerstören. Mancher fühlt sich in der Gemeinde so. Es tut weh. Es ist zum Heulen. Es wird immer schlimmer.

Auf Jesus Christus sehen und uns von seiner Liebe anstecken lassen, das bewahrt uns davor, Macht zu missbrauchen. Zu dieser heilenden Liebe Jesu kann dann auch der flüchten, der dem Machtgebaren anderer ausgeliefert ist. Wir brauchen nicht primär intellektuelle Lösungen, sondern Erlösung. Keine dauernden Ermahnungen, sondern Ermutigung. Paulus schreibt: »Lasst uns aber wahrhaftig sein in der Liebe und wachsen in allen Stücken zu dem hin, der das Haupt ist, Christus« (Epheser 4,15). Ist das nicht Ermahnung und Ermutigung zugleich? In Liebe gesprochen. Zur Liebe weisend.

Wir brauchen nicht primär intellektuelle Lösungen, sondern Erlösung.

Jesus Christus, das Haupt, gibt Orientierung. Jesus Christus, der Herr, schenkt Erlösung. Gut, dass Jesus auch mitten unter uns ist und uns trotz unserer Unterschiedlichkeit verbindet. Dann läuft es »wie geschmiert«, wenn wir als Glieder am Leib ihn wirken lassen. Der Herr möge Sie dazu segnen:

Gottes Geist leite dich durch die mächtigen Tücken des Alltags.
Gottes Sohn erbarme sich deiner Schuld.
Gott, der Vater, wende dir sein liebendes Herz zu.

Weiterführende Literatur

Ackermann-Stoletzky, Karin, *Ich liebe dich, wenn du dich fügst. Wie Menschen einander manipulieren,* R. Brockhaus Wuppertal 2004

Dünnebeil, Wolfgang, *Wenn die Herde den Hirten jagt ... Für ein harmonisches Miteinander von Pastor und Gemeinde,* Brunnen, Gießen 2004

Johnson, David / VanVonderen, Jeff, *Geistlicher Missbrauch. Die zerstörende Kraft der frommen Gewalt,* Gerth, Asslar 1996

Kessler, Volker und Martina, *Die Machtfalle. Machtmenschen in der Gemeinde,* Brunnen, Gießen 2001

Malm, Magnus, *Gott braucht keine Helden. Mitarbeiter zwischen Rolle und Wahrhaftigkeit,* R. Brockhaus Wuppertal 1997

Noss, Michael, *Teamarbeit. Effektiv und gerne zusammen arbeiten* (GemeindePocketGuide), Oncken, Wuppertal 2001

Petersen, Harald, *Ist Gott wirklich so? Wenn Bilder von Gott uns im Glauben hindern,* Johannis, Lahr 2003

Pfeifer, Samuel, *Glaubensvergiftung – Ein Mythos? Analyse und Therapie religiöser Lebenskonflikte,* Brendow, Moers 1993

Schmidt, Hans Hartmut, *Gruppenleitung. Einfühlsam und zielgerichtet leiten* (GemeindePocketGuide), Oncken, Wuppertal 2001

Karin Ackermann-Stoletzky

Ich **liebe** dich, wenn **du** dich **fügst**

**Emotionale Erpressung:
Wie Menschen einander manipulieren**

Heulen, loben, zicken, schmollen, schreien, schweigen, sich abwenden oder still leiden – emotionale Beeinflussung gehört in unseren Beziehungen zum Alltag. Wir alle setzen sie ein, wenn Partner, Freunde, Kollegen oder Gemeindemitglieder tun sollen, was wir uns wünschen. Daraus kann auch schnell regelrechte Erpressung werden …

Karin Ackermann-Stoletzky erläutert in diesem Buch, was unter emotionaler Erpressung zu verstehen ist, wie man sie erkennt und ihr vorbeugen kann. Sie beleuchtet Beziehungsmuster und Machtspiele, durch die wir zu „Tätern" und „Opfern" werden, und sie zeigt auf, wie sich eine echte Partnerschaft gestalten lässt.

190 Seiten, Paperback
Bestell-Nr. 224.865

Karin Ackermann-Stoletzky arbeitet als Supervisorin, freie Referentin und Ratgeber-Autorin. Sie lebt mit ihrem Ehemann in Solingen.

R.Brockhaus